基本から応用までの

ボビンレース
Bobbin Lace

志村冨美子

文化出版局

アンティークのボビンレース

CONTENTS

ボビンレースとは 5
必要な材料と用具 6
糸の巻き方 7
糸の止め方 7
ペアの作り方 8
ボビンの扱い方 8
テクニック図の見方 9

基本の3つのステッチ 10
型紙の作り方 12
リネンステッチ 13
端の始末 プレイトのしかた 17
ダブルステッチ 18
ハーフステッチ 20

リボン状のレース 22
1-16
1のレースを織ってみましょう 26
レースの移動のしかた 31

コーナーのあるレース 52
17-25

幅広のレース 72
26-28

ボビンの話 80
応用作品の作り方 81
糸のつなぎ方 93
布のつけ方 94
クッサンの作り方 95
ボビンケースの作り方 95
ボビンどめの作り方 95

アンティークのボビンレース

ボビンレースはヨーロッパのほとんどの国で作られています。

ボビン（糸巻き）に織り糸を巻き、それを操って織り上げるために、ボビンレースと呼ばれます。枕型の織り台を使っているところでは、ピローレースとも呼ばれています。

ボビンレースの始まりはパスマントリーという、絹糸や、金銀糸で作るひもやブレードからの派生と言われています。糸に撚りがかからないようにするために、立枠に織り糸をかけて組んでいく方法で作ります。

織り台の発明により、型紙を置き、ピンを打つことで、数多くのボビンを使い、織った模様を固定することが可能になり、より複雑な仕事が容易になりました。しかし、仕事としては、クロスとツイストの二つの動作の組合せでしかありません。

本書では、どの国でもレースの入門としてまず教えられるトーションを中心にまとめました。トーションレースは誰でも作ったり、所有したりできる簡単なレースという意味も含まれています。

あなたは糸を捨てていませんか。

長い間、箱に入ったままの番号も色もわからない糸。いつか使うだろうと取っておいた糸。ボビンからはずしたり、ボビンに巻かれたままの糸などを、あるとき思い切って捨てる。そんなことがよくあると思います。

幅の狭いレースなら そんなに長くなくても充分に織れます。色が少々混ざっても幅の狭いレースなら、たいして気になりません。番号も糸の太さを比べて、だいたい当てはまる番号として使用しても大丈夫です。長く作れば、綿シャツやブラウス、スカートの裾、既製のハンカチにつけたりとさまざまに使うことができます。簡単なトーションレースを作って、身の回りのいろいろな物につけて楽しんでください。

必要な材料と用具

1 ピン
プリッキング(実物大型紙)に糸をとめるために使う虫ピンには細いもの、太いもの、短いもの、長いものなどいろいろありますが、それらは糸の太さやレースの種類によって使い分けます。本書ではNo.3とNo.50の2種類のピンを使用しています。
材質はステンレス製かニッケルメッキのものを使います。事務用を使用すると、すぐにさびが出てレースを汚します。

2 かぎ針
レースをつなぐときに使用します。太さ0.5mmくらいの極細のものを使いましょう。

3 ボビン
ベルギー製、イギリス製のほかいろいろありますが、本書では使いやすい、ベルギー製のビギナー用ボビン(kant centrumモデル)を使用しています。

4 ピン打ち
織り上がったモチーフに打たれているピンを、仕事の邪魔にならないようにクッサン(織り台)の中に埋め込むときや、抜くときに使います。

5 プリッカー(穴あけ針)
プリッキング(実物大型紙)の穴あけに使う針です。

6 織り糸
基本的には伸びない糸であればどんな糸でも使用できますが、一般的には麻糸、木綿糸を使います。本書では使いやすい、スウェーデン製の麻糸「ボッケン(Bockens)」の60/2、80/2を主に使用しています。表示されている2つの数字は60/2なら、60は糸の太さを、2は糸の撚りの本数を表わしていて、2本撚りの60番手の糸となります。番手は数字が大きくなるほど、糸が細くなります。

7 クッサン(織り台)
その形から枕、座布団、当て物などと呼ばれています(本書ではオランダ語のクッサンと表記)。ベルギー方式のクッサンを使ってひざの上で織る方法もありますが、作業のしやすいテーブルの上で織る方法がおすすめです。本書では手作りのクッサンを使用しています(P.95参照)。大きさが2種類あると、図案を写すときや、台をつなげて大きくすることもできるので、便利です。

8 当て布
織るときに、レースの汚れ防止やボビンの動きをよくしたり、途中でボビンを移動したり、ピンが引っかからないようするために使用します(P.8、31参照)。

ケンラン紙
プリッキング(実物大型紙)をプリッカーで穴をあけて写す、土台の厚紙です(P.12参照)。しっかりした厚紙であればケンラン紙でなくても代用できます。

あると便利なもの

9 ボビンケース
このような布製のケースにしまっておけば糸がからまず、持ち運びにも便利です。作り方はP.95。

10 ボビンどめ
仕事を途中で休むとき、ボビンが動いて糸がからまないようにするための道具です。木の板にゴムをつけたものと毛糸で編んだものを紹介しています。いずれも簡単に手作りできます(P.95参照)。

糸の巻き方

糸はわかりやすいように太いものを使用しています。

1・2
左手にボビンを持ち、糸端を親指で押さえます。人さし指で糸を押さえて、頭の根元に手前から向う側に2、3回きつく巻きます。

3・4・5
平らになるように真ん中まで巻いたら、頭の根もとにしっかりと巻き戻し、3、4の動作を2、3回繰り返します。こうすると糸がゆるみにくくなります。根もとまで戻ったら頭の端まで巻いていきます。

6
2列ほど巻いたらボビンを立て、ボビンを回転させながら平らになるように上から下、下から上へと巻いていきます。こうすると糸に撚りがかからずに巻くことができます。糸はたっぷりと巻いておきます。

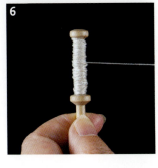

糸の止め方

1・2・3・4
右手で糸を持ち、指を返して糸輪を作ります。それを頭にかけて糸を引き締めます。

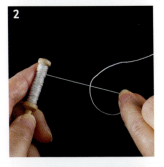

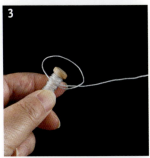

5
糸をたらしてみて、巻き戻らないようなら大丈夫。この止め方はボビンが垂直の場合には巻き戻りませんが、水平にして回転させると糸の長さが調節できるようになっています。糸がずるずるとのびてくるようなら、糸のかけ方が違っています。

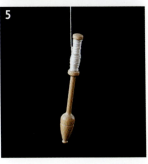

ペアの作り方

1
1本のボビンにたっぷりと巻いておき、巻き取った糸をもう1本のボビンに写真のような手つきで巻き戻してペアを作ります(巻き始めは糸の巻き方参照)。

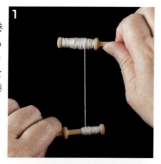

2
1ペアができたところ。2本めも同じように糸を止めます。このように必ずペアにして使用します。

糸を長くする場合
矢印の方向にボビンを回転させると糸を引き出すことができます。

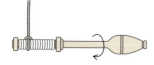

糸を短くする場合
ピンを輪の中に入れて引き上げ、矢印の方向にボビンを回転させながら巻き取っていきます。

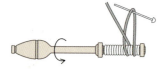

ボビンの扱い方

ボビンの持ち方
ボビンは1ペアまたは2ペアがピンにかかっており、その2本ずつを交差(クロス)させ、ねじり(ツイスト)の仕事をします。作業をするときは柄の部分を持つのではなく、ふくらんだ部分に指をかけて動かします。作業をするときは、手が心臓より上にいかないようにすると、疲れずに作業ができます。また織っている部分が真上から見られる位置にクッサンを置くと見やすく、間違えずに織ることができます。

セットのしかた
クッサンの上に型紙の四隅をピンで打ち込んでとめます。作業するボビンの下には当て布を置きます。こうすると型紙の上でボビンがすべらず、作業がしやすくなります。下の型紙が見えず、不安な人は半透明のビニールを敷いてもいいでしょう。長時間作業をするので、目に優しい色の布を選ぶといいでしょう。本書では糸の動きが見えやすいように、クッサンを黒に、当て布を外して解説しています。

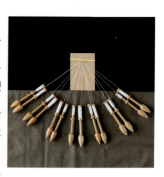

ボビンの糸のかけ方
ボビンの糸のかけ方は通常と平行、2通りのかけ方があります。通常は1ペア(糸を巻いたときのペア)ずつ図のようにかけ、1ペアの上にもう1ペアを重ねてかけます。平行にかける場合のみ、テクニック図に表示します。

通常 　　 平行

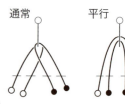

ボビンの動かし方
ボビンを動かす動作は2通りしかありません。ペアの左の糸が右に動くことを「クロス Cross=C」(交差)、右の糸が左に動くことを「ツイスト Twist=T」(ねじり)と言います。この2つの動作の組合せで無限ともいえるレース模様を織ることができます。

クロス(C) 　　 ツイスト(T)

テクニック図の見方

本書ではベルギーのレース作りの方法に基づいたテクニック図を使って、織り方を解説しています。
テクニック図とはレースが何ペアの糸で、どのようなステッチで織られているかなどの
織り組織を表わした図のことです。
まずはここで図の決り、見方を理解しておきましょう。

テクニック図の決り
線の色でボビンの数、ステッチの種類などを
区別しています。

―――― ボビン1本
―――― ボビン1本＝ギンプ（飾り糸）のこと

―――― ボビン2本＝1ペア
　　　　（図中では1Pまたは1と表示）
―――― ボビン2本＝1ペア
―――― ボビン2本＝1ペア

―――― ボビン4本＝2ペア
　　　　（図中では2Pまたは2と表示）

・　　ピン

ツイスト線のこと
テクニック図ではツイストの回数を黒い短い線で表わします。耳側とエッジではピンの場所にツイスト（T）を2回入れ、リネンステッチからほかのステッチに移るとき、または1つのモチーフから次のモチーフに移るとき（同じステッチでも）、ツイスト（T）を1回入れるのが基本です。これらのツイスト線は通常、テクニック図には書き入れません。
ハーフステッチ、ダブルステッチの仕事をするときは2ペアの糸に各々ツイストが入っていなければなりません。

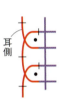

スタート時のピンのこと
ピンの扱いには3種あります。
本ピン
＝プリッキングのピン穴どおりに打つピンのこと。
借ピン
＝プリッキングのピン穴を一時的に借りて糸をかけ、
　織り終えた後で抜き取るピンのこと。
仮ピン
＝プリッキングのピン穴以外に穴をあけて打つピンのこと。
　ピンは抜かず、そのままにして織り進む。

本書では
本平行2P＝本ピンに2ペアを平行にかける場合
本2P＝本ピンに2ペアを通常にかける場合
借ピン、仮ピンも同様です。

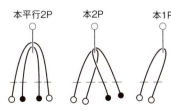

リネンステッチ　　　　　ダブルステッチ　　　　　ハーフステッチ

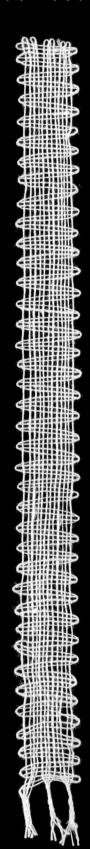 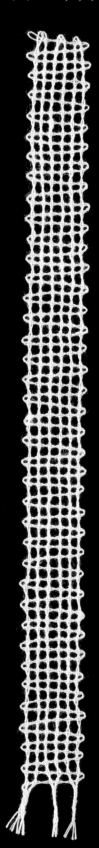 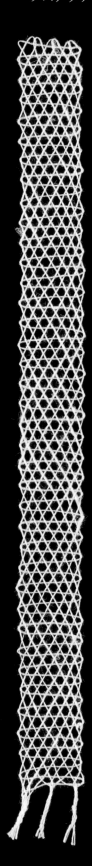

基本の3つのステッチ

テクニック図の線の交差（+印）しているところが
ボビンを動かして織るところになります。
織り方には基本となるリネンステッチ、ダブルステッチ、ハーフステッチの3つがあり、
それぞれ色分けされています。
ベルギーで作られた、仕事を色で表わすこの方法は、現在ではほとんどの国で採用されています。
これさえマスターすれば、どの国のレースも織ることができます。

プリッキング
（実物大型紙）

テクニック図

リネンステッチ

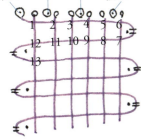
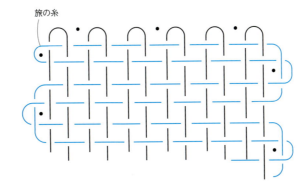

ダブルステッチ

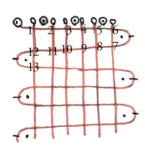
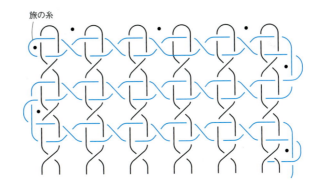

ハーフステッチ

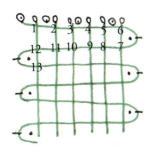
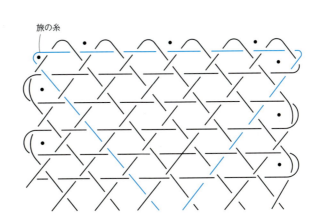

型紙の作り方

1
本書のプリッキング（実物大型紙）をコピーし、回りに5〜7ミリの余白を残して切ります。写すケンラン紙は図案の回りに1cmくらいの余白をつけて切ります。

4
ケンラン紙に点を写したところです。

2
クッサンの上にケンラン紙、型紙を重ねて動かないようにピンを四隅に打ちます。ここでは補助台のクッサンを使用しています。

5
型紙にある案内線のとおりに点を結びます。書き直しができるペンを使用すると便利です。なるべく細いペンを使用します。

6
穴が多く、案内線が複雑で写すのが大変な場合には型紙をケンラン紙に直接はる方法がおすすめです。図案の上から透明接着シートをはって、固定します。こうするとピンの穴を打ち込むだけで、案内線を書く必要がありません。ここではベルギー製のブループラスチックを使用しています。

3
ピンを刺すための穴になる点の部分に、プリッカーで穴をあけます。点の中心に垂直に打ち込んでいきます。

リネンステッチ Linen stitch（C、T、C）

リネンステッチのボビンの動かし方はクロス（C）、ツイスト（T）、クロス（C）を1セットで動かしていきます。線の色は紫で表わします（p.11の図も参照）。

1

p.11のプリッキング（実物大型紙）の指示どおりにピンを4本打ち、左端は1ペアのみかけ、残りの3本は通常のかけ方で1本のピンに2ペアずつかけます。左端の1ペアが横に流れていく、旅の糸になります。全部で14本のボビンがかかりました。糸の長さはボビンの長さ+3～5cmになるように調節して、すべての糸の長さをそろえます。

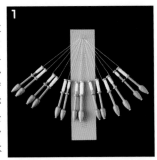

2

ピンはまっすぐに刺し、少し後ろ側に傾けます。こうすることによって、糸が浮き上がりません。さらに左右両端のピンは少し外側に傾けます。

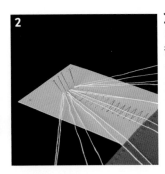

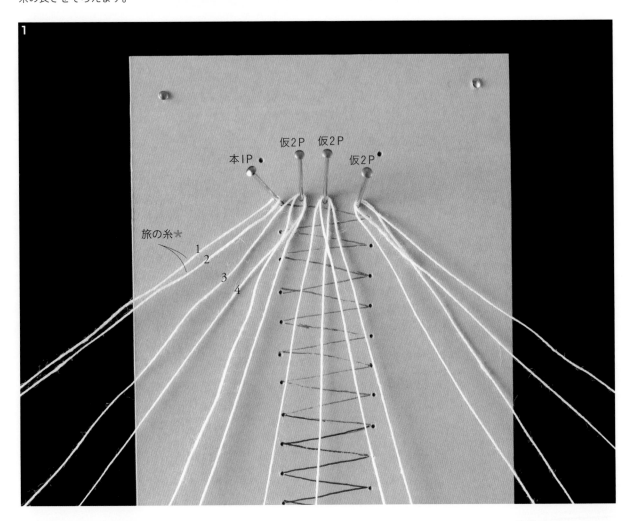

3
まず、左側の2ペアで作業します。他のボビンは少しよけておきます。作業は必ず、自分の正面で行ないます。

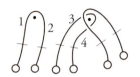

4
旅の糸1本(2)と縦の糸1本(3)でクロス(C)します。

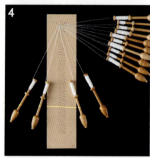

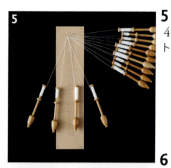

5
4と2、3と1で同時にツイスト(T)します。

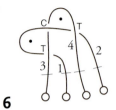

6
1と4をクロス(C)します。リネンステッチの1セットができました(p.11テクニック図の1)。旅の糸が縦の糸と井桁の形になり、右側に進みます。

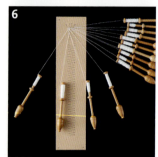

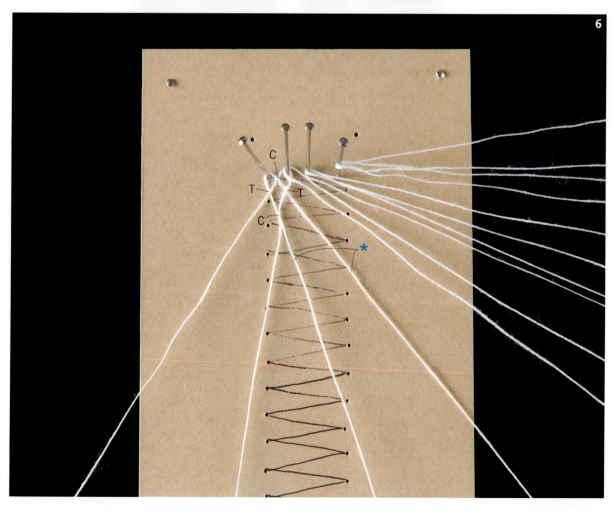

7
リネンステッチの1セットが終わったら、左端の1ペアを左によけて、旅の糸と次のペア4本を中央に移動します。

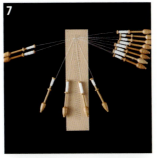

10
写真のように**1**で最初にいちばん左側にいた1ペアの旅の糸が右端に移動しました。

8
同様に**4**、**5**、**6**の繰り返しでクロス（C）、ツイスト（T）、クロス（C）の動作を1セットします（P.11テクニック図の2）。終わったら、左側の1ペアを左によけて、右側の1ペアを中央に移動します。

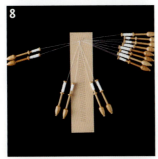

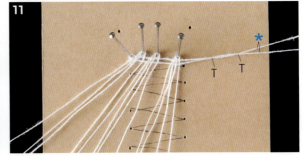

11
右端の旅の糸の1ペアは2回ツイスト（T）をします。

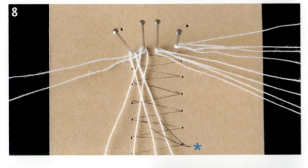

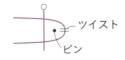

12
線でつながった右端の穴にピンを打ちます。ピンは斜め後ろの外側に倒すようにして打つと安定します。

9
同じようにして、すべてのペアがリネンステッチを終えたところ（P.11テクニック図の6）。

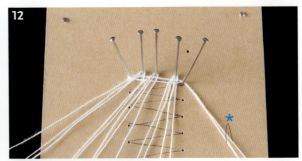

13
次は右側から順番にリネンステッチをしていきますので、2ペアを残し、ほかは左によけておきます。

14
クロス(C)、ツイスト(T)、クロス(C)の動作を1セットします(P.11テクニック図の7)。

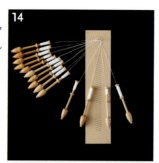

16
同様に左端までリネンステッチをします。左端にきた旅の糸は2回ツイスト(T)をして、次の穴にピンを打ちます。これで一往復織れました(P.11テクニック図の12)。

15
リネンステッチの1セットが終わったら、右端の1ペアを右によけて、左側から次の1ペアを寄せて、2ペアを中央にセットします。

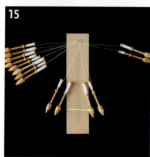

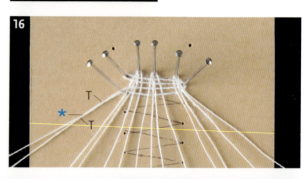

17
このように左右へ往復しながら端にピンを打って織り進みます。いちばん大切なことはボビンの動きではなく、糸目を見ながら織ることです。縦糸が右や左に片寄らないように確認しながら織りましょう。

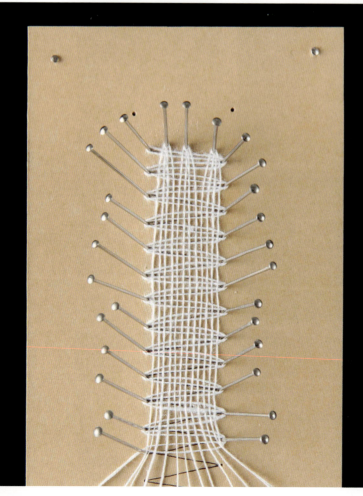

端の始末 プレイト(Plait)のしかた

コードのようにしっかり織れるので、端の始末をしたり、モチーフをつなげたり、空間を埋めたりするときに使います。テクニック図では青の色で表わします。

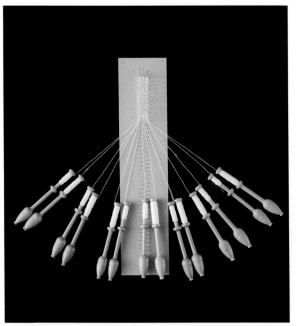

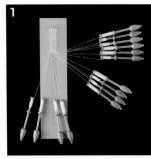

1
左側の2ペア4本を残して、ほかはよけておきます。

2
クロス(C)、ツイスト(T)をきつく繰り返し、2〜3cmくらいの長さまで織ります。次の2ペアも同様に織ります。これを4つ組みと言います。

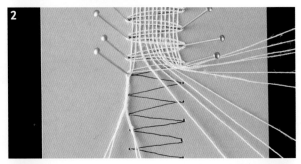

3つ組み

3
残りが3ペア6本の場合には、3ペアのプレイトをします。これを3つ組みと言います。

4
2ペアずつクロス(C)、ツイスト(T)、クロス(C)のリネンステッチを繰り返して織っていきます。

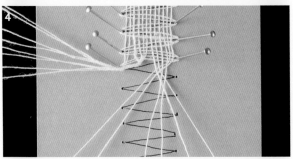

5
プレイトができたところ。余分な糸はカットします。

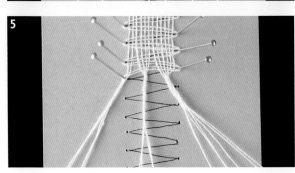

ダブルステッチ Double stitch（C、T、C、T）

ダブルステッチのボビンの動かし方はクロス（C）、ツイスト（T）、クロス（C）、ツイスト（T）を1セットで動かしていきます。線の色は赤で表わします（p.11の図も参照）。

1
ボビンのかけ方はリネンステッチと一緒で、プリッキングの指示どおりにピンを4本打ち、左端は1ペアのみかけ（これが旅の糸になる）、残りには通常のかけ方で1本のピンに2ペアずつかけます。

2
左側の2ペア4本でクロス（C）、ツイスト（T）、クロス（C）、ツイスト（T）の4回を1セットで織ります。クロス（C）、ツイスト（T）のしかたは8、14ページ参照。終わったら、左端の1ペアを左によけて右側から1ペアを寄せて、同じようにダブルステッチを織ります。

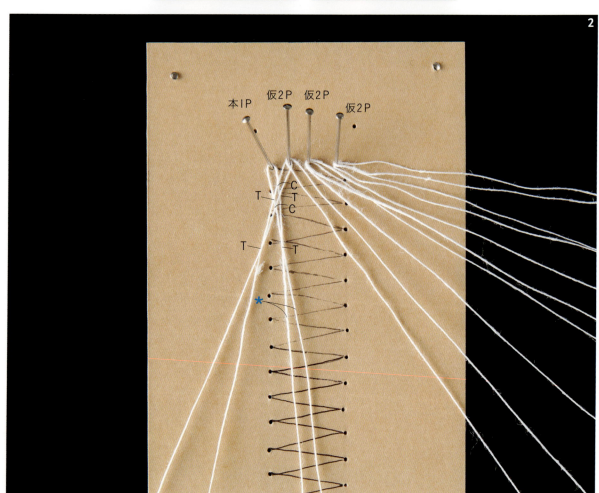

3
右端までダブルステッチが終わったら、右端の旅の糸は1回ツイスト(T)を足して(都合2回ツイスト)、端の穴にピンを打ちます(p.15-**11**、**12**参照)。

4
同様に右端からダブルステッチをしていき、左端にきた旅の糸は1回ツイスト(T)を足して、端の穴にピンを打ちます。同様に往復しながら織り進んでいきます。

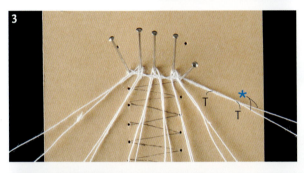

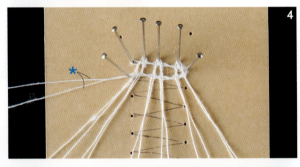

5
旅の糸を左右に往復しながらピンを打ち、織り進んでいきます。

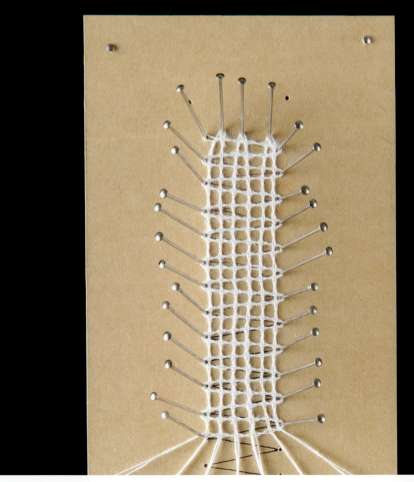

ハーフステッチ Half stitch（C、T）

ハーフステッチのボビンの動かし方はクロス（C）、ツイスト（T）を1セットで動かしていきます。線の色は緑色で表わします（P.11の図も参照）。

1
ボビンのかけ方はリネンステッチと一緒で、左端は1ペアのみかけ、残りには通常のかけ方で1本のピンに2ペアずつかけます。左端の2ペアでクロス（C）、ツイスト（T）を1セットで織ります。左端の1ペアをよけ、右側から1ペアを寄せて同様にハーフステッチを織ります。

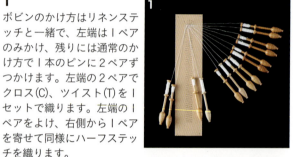

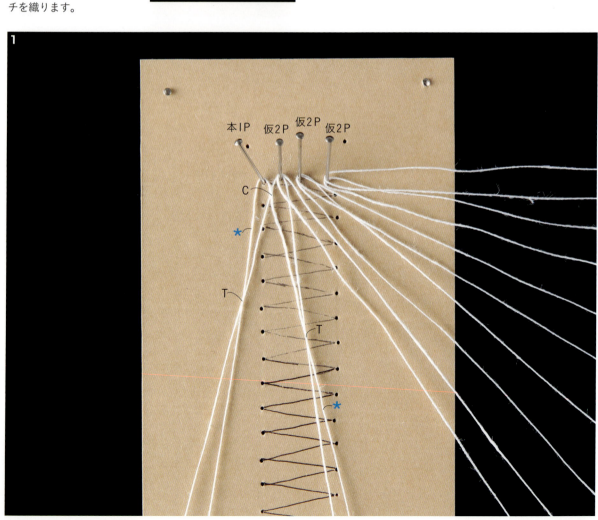

2

右端までハーフステッチが終わったら、右端の旅の糸は1回ツイスト(T)を足して、端の穴にピンを打ちます(P.15-12参照)。

3

同様に右端から左にハーフステッチをしていき、左端にきた糸は1回ツイスト(T)を足して、端の穴にピンを打ちます。同様に往復しながら織り進んでいきます。

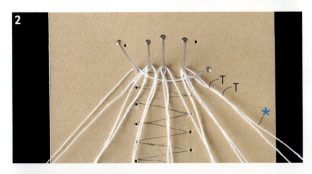

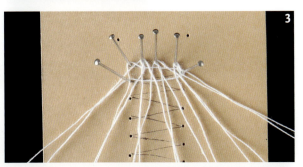

4

旅の糸は左右に分かれて交差しながら織り進んでいきます。

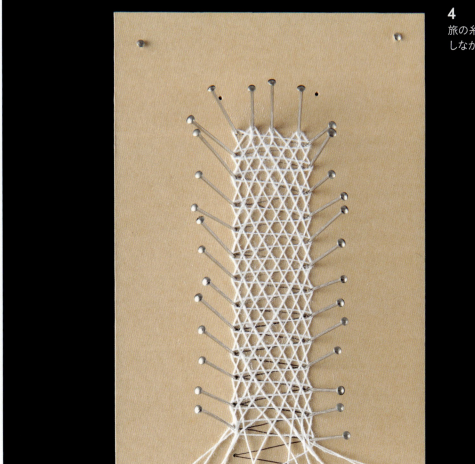

リボン状のレース

レースにコーナーを作らずに、リボン状に長く織ったものです。
ハンカチの縁や洋服の裾など、自由に使って楽しむことができます。
リボン状のままで、角を作る方法もあります。→P.81

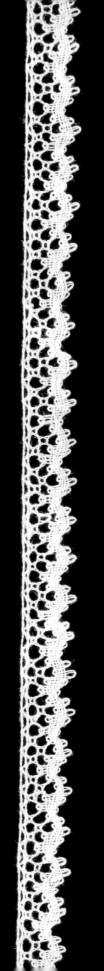

1

25

1

◊材料と用具
糸＝Bockensの麻糸60／2
ボビン＝8ペア
◊出来上り寸法
レース幅＝約1.5cm

★
図中の数字は織っていく順番。
斜めに流れるように
織っていくのが基本。
26ページからの織り方の番号と
照らし合わせながら織り進みます。

テクニック図

プリッキング
（実物大型紙）

トーション・グランド

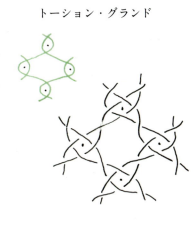

ツイステッド・ハーフ・グランド

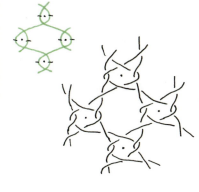

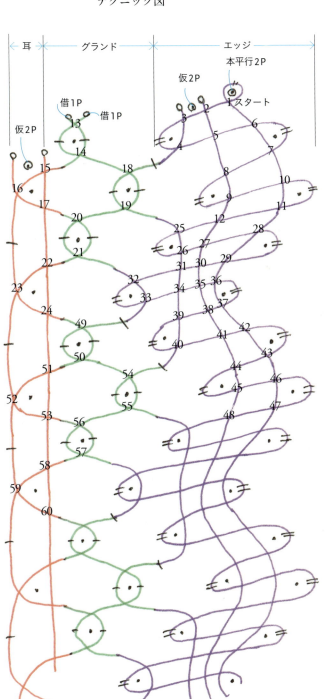

1のレースを織ってみましょう

型紙の作り方はp.12参照

p.10からの基本の3つのステッチの織り方を
マスターしたら、1のレースを織ってみましょう。
ここで実際に色分けされたテクニック図を
読み解きながら、図中の番号順に織っていきます。
テクニック図が読み解けたら、
ほかのレースも同様なので、
あとは好きなレースにチャレンジしてください。

1
スタートの本ピン(◉)に2ペア4本を平行にかけます(本平行2Pと表わしている)。

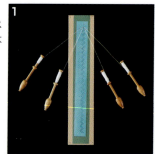

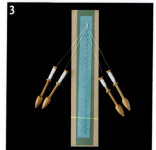

2
右側2本を2回、ツイスト(T)します。

3
リネンステッチ(クロス(C)、ツイスト(T)、クロス(C))をします。左側の1ペアが旅の糸になります(p.25テクニック図の1スタート)。

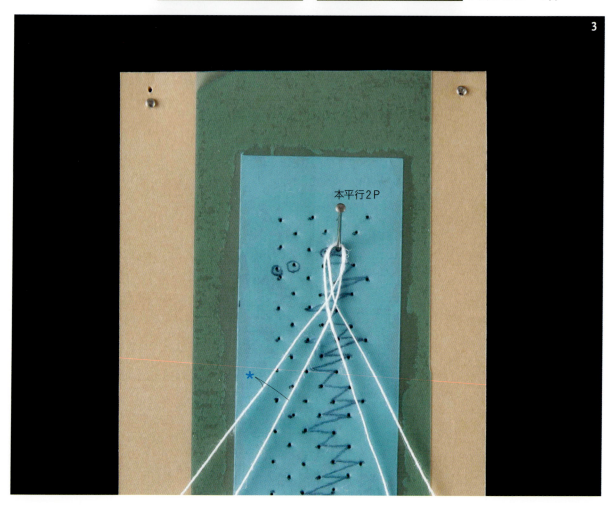

4
左に仮ピンを打ち、通常のかけ方で2ペアかけます（仮2Pと表わしている）。

7
番号順にリネンステッチ（C、T、C）を織り（P.25-4、5、6）、端にきたら、旅の糸に2回ツイスト（T）を入れて、ピンを打ちます。

5
右端の1ペアをよけ、旅の糸と4でかけた2ペアでリネンステッチをします（P.25-2、3）。

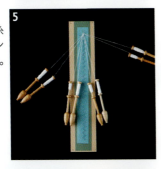

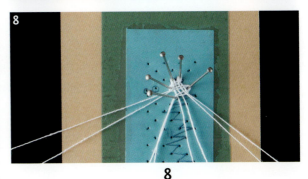

6
旅の糸に2回ツイスト（T）を入れて、ピンを打ちます。

8
続けてリネンステッチ（C、T、C）を織り（P.25-7、8）、旅の糸に2回ツイスト（T）を入れて、ピンを打ちます。

9
同様にリネンステッチ（C、T、C）（P.25-9、10）、2回ツイスト（T）してピンを打ち、リネンステッチ（C、T、C）（P.25-11、12）までエッジを織り進めます。

10
右側の4ペア（8本）を休めます。新たに借ピンを2本打ち、1ペアずつかけます（借ピンは既にあいているピンの穴を借りてピンを打つ）。

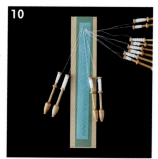

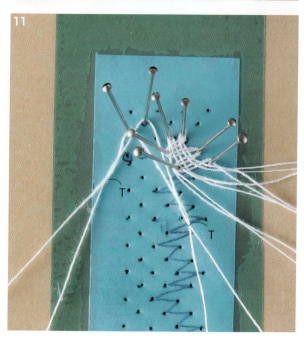

11
ハーフステッチ(C、T)をし(P.25-13)、1回ツイスト(T)を足してグランドの部分を作っていきます。これを**ツイステッド・ハーフ・ステッチ**と言います。

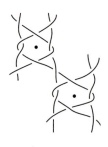

12
ピンを打ち、ハーフステッチ(C、T)をします(P.25-14)。

13
借ピンを2本抜きます。

14
左隣に仮ピンを打ち、2ペアを通常のかけ方でかけます。耳の部分を作ります。

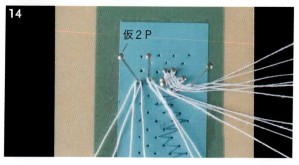

15
ハーフステッチからのペアで、**14**でかけた2ペアとダブルステッチ（C、T、C、T）を織ります(P.25-15、16)。外側の1ペアに1回ツイスト（T）を追加して（都合2回になる）、ピンを2ペアの内側に打ちます。

17
10で休ませたエッジ4ペア（8本）の左側の1ペア2本(P.25-4)に1回ツイスト（T）を入れます。その1ペアと**15**で休ませた(P.25-14)1ペアで**11**、**12**の要領でツイステッド・ハーフ・ステッチを織ります(P.25-18、19)。

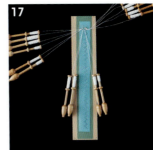

16
左側の1ペアを休ませ、次の2ペアでダブルステッチ（C、T、C、T）を織ります(P.25-17)。

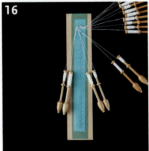

18
耳からの1ペアとグランドからの1ペアでツイステッド・ハーフ・ステッチを織ります(P.25-20、21)。グランドからの1ペアと外側の2ペアでダブルステッチ（C、T、C、T）を織り(P.25-22、23)、ピンを打ち、耳を作ります(P.25-24)。

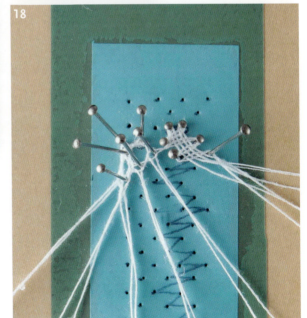

19

休めていたエッジの旅の糸で、リネンステッチの続きを織ります。グランドからの1ペアを取り込んでリネンステッチ(C、T、C)を織り(P.25-25)、2回ツイストをしてピンを打ちます。26、27、28とリネンステッチ(C、T、C)を織っていきます。

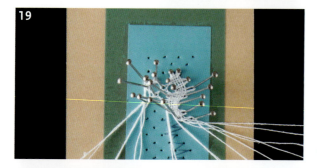

同様にp.25の数字の順に織り進んでいきます。

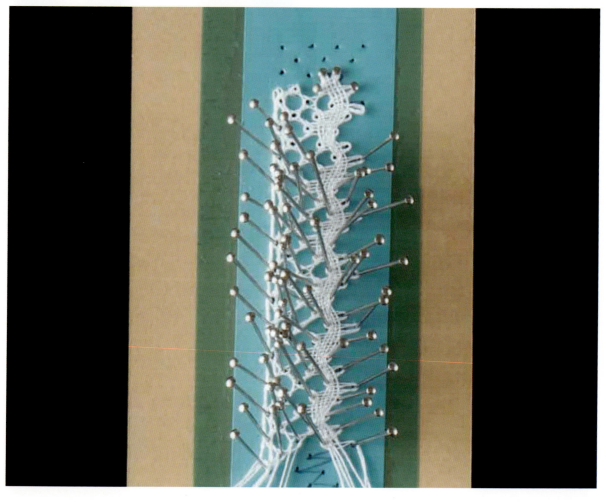

レースの移動のしかた

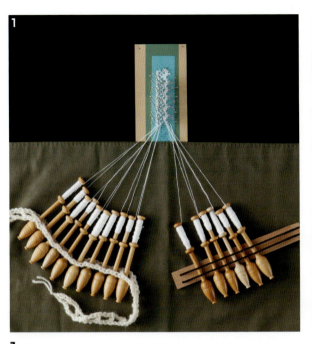

1
図案の終りのほうまで織ったら、ボビンが動かないようにボビンどめ(P.95参照)に通します。動かす場合、模様がくずれやすいハーフステッチのところはなるべく避けてください。仕事のしやすいところで休めます。

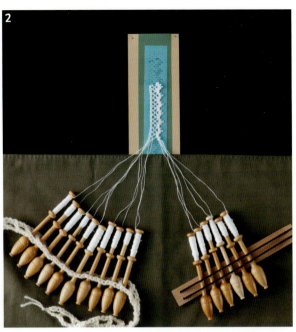

2
レースに打ってあるピンをすべて外します。レースはしっかり織られているので、形がくずれる心配はありません。敷いている当て布ごとずらします。

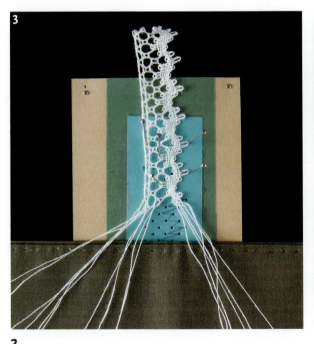

3
ずらしたら2模様分くらい下の型紙に重ねて、目立ってわかる要所にピンを打ち、固定します。

4
2模様分を埋めるように、さらにピンを打って、固定させます。

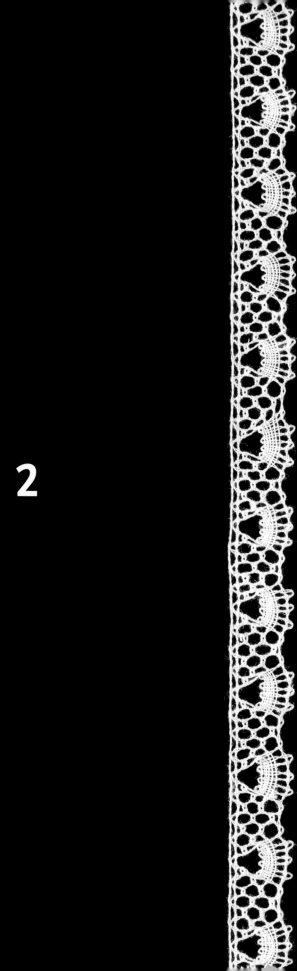

2

2

◎材料と用具
糸＝Bockensの麻糸60／2
ボビン＝8ペア
◎出来上り寸法
レース幅＝約1.7cm

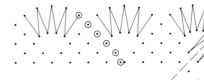

プリッキング
(実物大型紙)

テクニック図

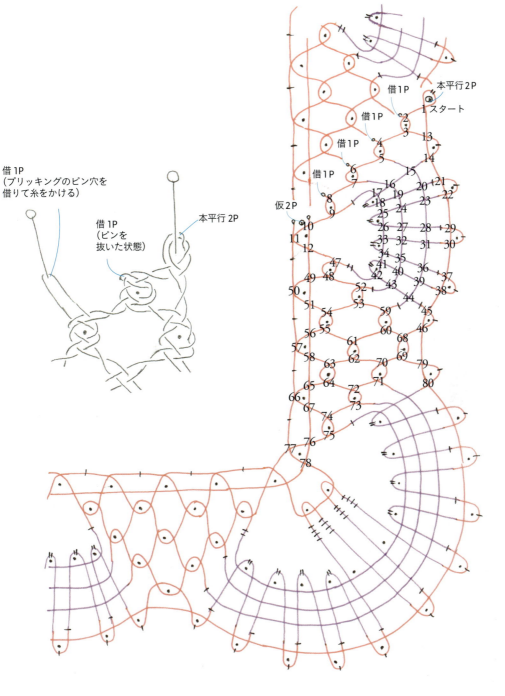

3

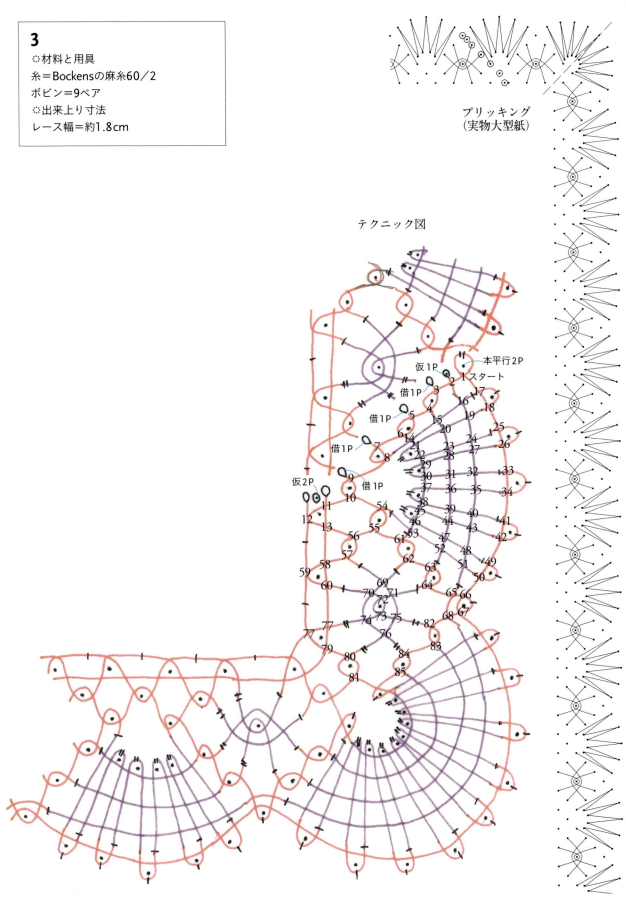

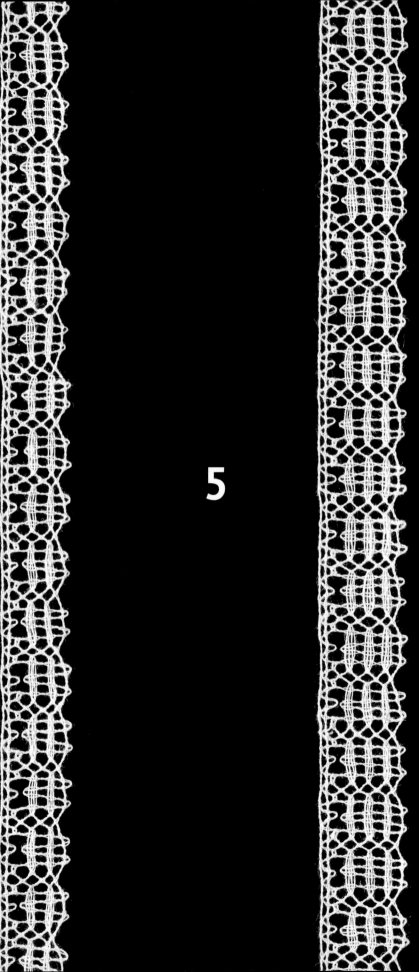

5

4	5
◎材料と用具 糸＝Bockensの麻糸60／2 ボビン＝9ペア ◎出来上り寸法 レース幅＝約1.9cm ◎ プリッキングはP.82	◎材料と用具 糸＝Bockensの麻糸60／2 ボビン＝11ペア ◎出来上り寸法 レース幅＝約2.3cm ◎ プリッキングはP.82

テクニック図

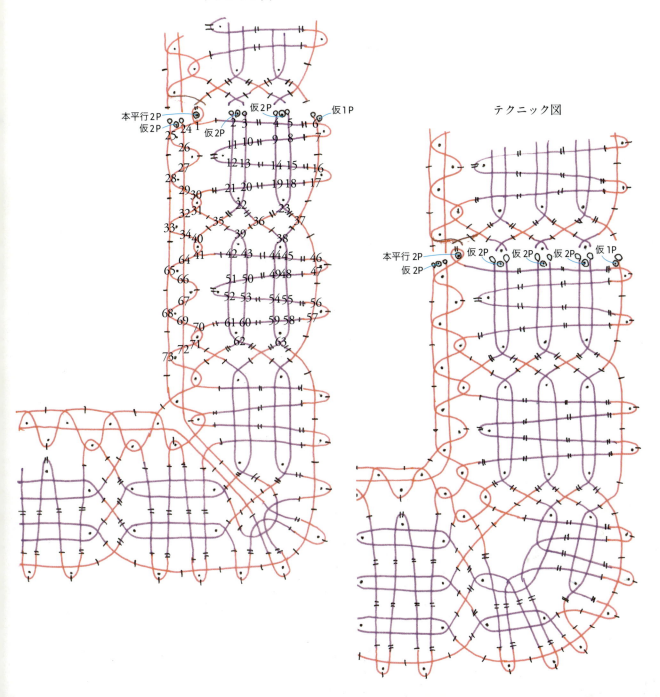

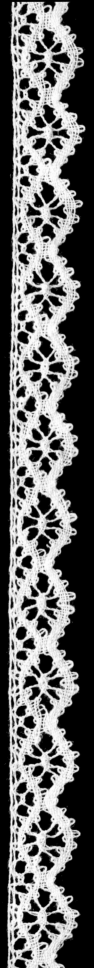

6

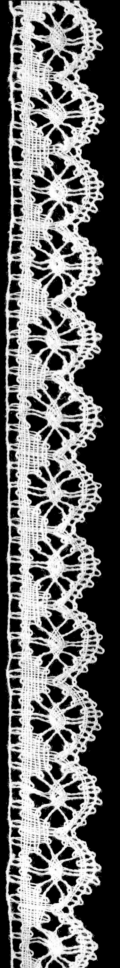

7

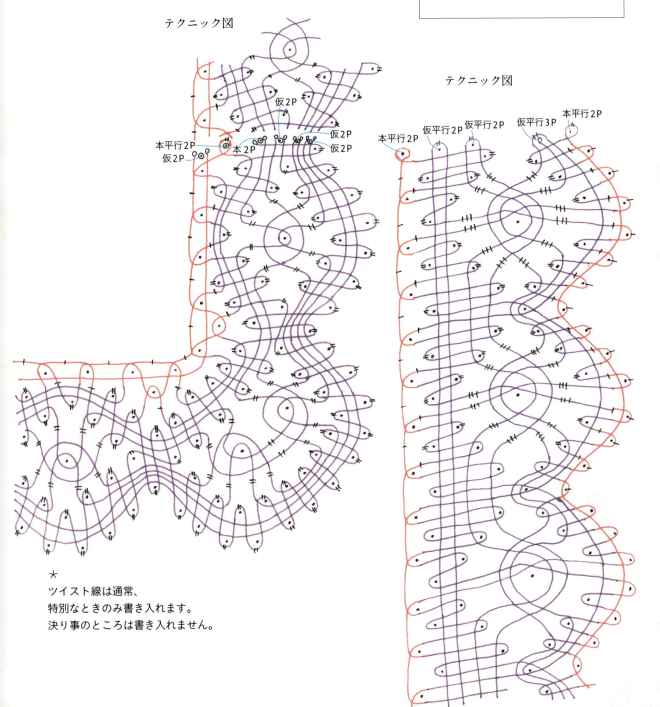

6
◎材料と用具
糸＝Bockensの麻糸60/2
ボビン＝12ペア
◎出来上り寸法
レース幅＝約2cm
◎
プリッキングはP.83

7
◎材料と用具
糸＝Bockensの麻糸60/2
ボビン＝11ペア
◎出来上り寸法
レース幅＝約2.6cm
◎
テクニック図は途中からツイスト線を省略しています。
プリッキングはP.82

★
ツイスト線は通常、
特別なときのみ書き入れます。
決り事のところは書き入れません。

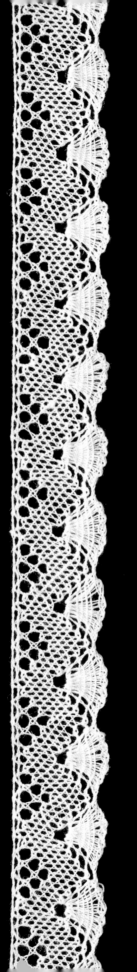

8

8

◦材料と用具
糸＝Bockensの麻糸60/2
ボビン＝13ペア
◦出来上り寸法
レース幅＝約2.6cm
◦
スタートは好きな場所から始めてください。

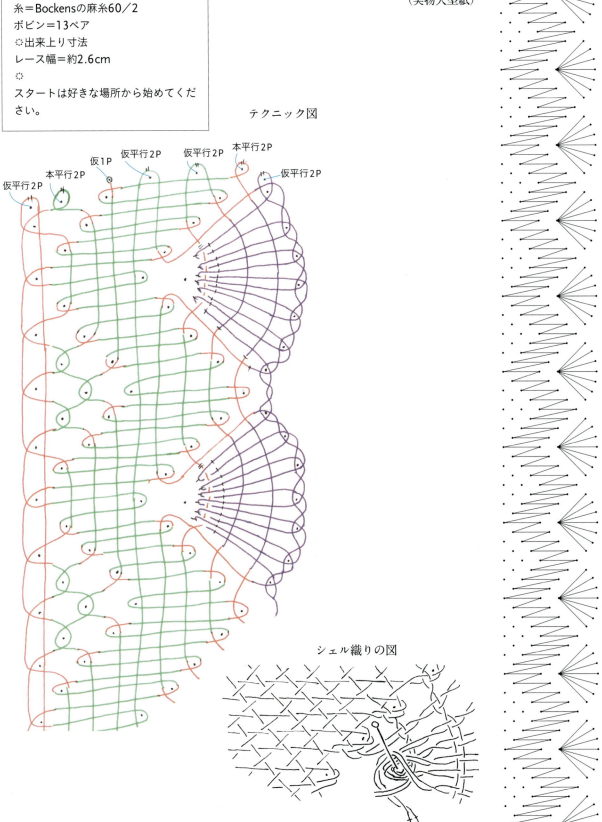

テクニック図

シェル織りの図

プリッキング
（実物大型紙）

9   10

9

◎材料と用具
糸＝Bockensの麻糸60／2
ボビン＝11ペア
◎出来上り寸法
レース幅＝約1.8cm
◎
プリッキングはP.83

テクニック図

10

◎材料と用具
糸＝Bockensの麻糸60／2
ボビン＝14ペア
◎出来上り寸法
レース幅＝約2.6cm
◎
プリッキングはP.83

テクニック図

★通常のツイスト線は書き入れていません。

タリーの図

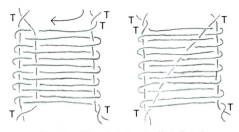

旅の糸は端の糸とT、T、芯の糸とC

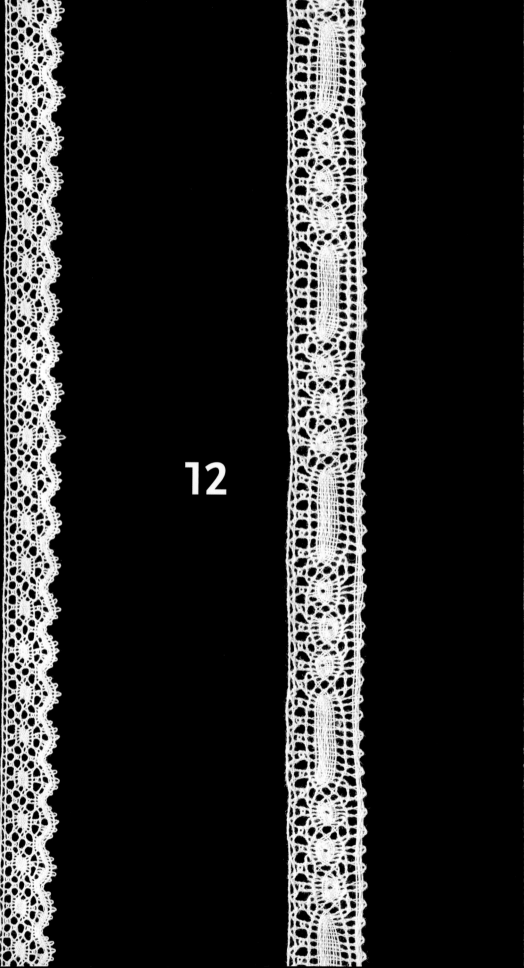

12

11

◎材料と用具
糸＝DMCの木綿糸50／2（エジプトコットン80／2相当）
ボビン＝17ペア
◎出来上り寸法
レース幅＝約1.6cm
◎
スタート位置より上から3つ組み、4つ組み（P.17参照）で持ってきてスタートします。
プリッキングはP.84

12

◎材料と用具
糸＝Bockensの麻糸60／2
ボビン＝13ペア
◎出来上り寸法
レース幅＝約2.2cm
◎
プリッキングはP.84

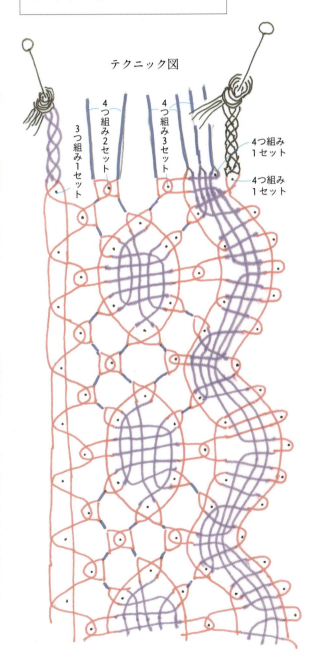

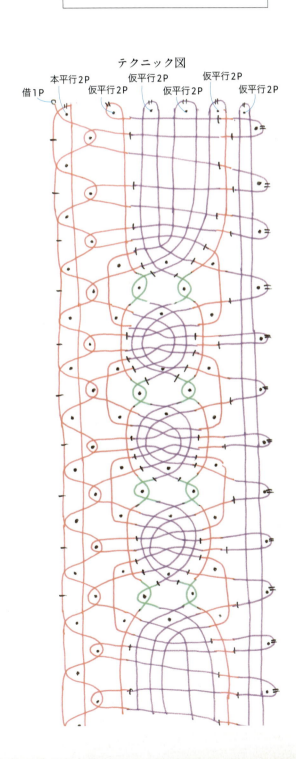

13

13

◎材料と用具
糸＝Bockensの麻糸80／2
ボビン＝26ペア
◎出来上り寸法
レース幅＝約3.8cm

プリッキング
（実物大型紙）

テクニック図

4組みの交差

ポアン・ド・エスプリ（葉形）

4本の糸、どれが
旅の糸になっても可。
旅の糸は端の糸にツイスト(T)、
ツイスト(T)と仕事をし、
芯の糸にはクロス(C)をする。
旅の糸でないほうを結ぶ。

14

14

◎材料と用具
糸＝Bockensの麻糸60／2
ボビン＝11ペア
◎出来上り寸法
レース幅＝約1.9cm
◎
テクニック図は途中からツイスト線を省略しています。

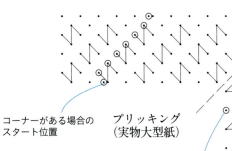

コーナーがある場合のスタート位置

プリッキング（実物大型紙）

リボン状の場合のスタート位置

スタートとフィニッシュ

テクニック図

仮2P
本平行2P
本1P
本1P
本1P
本1P
本1P
仮2P

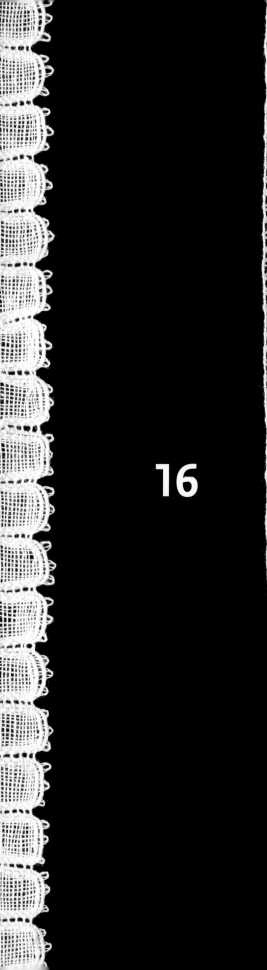

15   16

15

◎材料と用具
糸＝Bockensの麻糸60／2
　　25番刺繡糸6本どり（飾り糸用）
ボビン＝8ペア＋1ペア（飾り糸用）
◎出来上り寸法
レース幅＝約1.8cm
◎
角のプリッキングも作ってあるので、いろいろなものに応用できます。
プリッキングはP.84

16

◎材料と用具
糸＝Bockensの麻糸60／2
ボビン＝7ペア
◎出来上り寸法
レース幅＝約1.1cm
◎
プリッキングはP.84

飾り糸の入れ方
Uターンはクロス（C）、ツイスト（T）、ツイスト（T）、クロス（C）をしてピンを打つ。ピンの位置に注意。

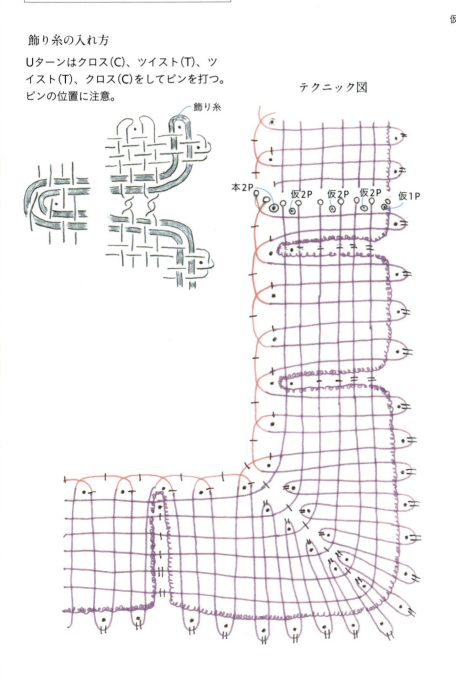

テクニック図

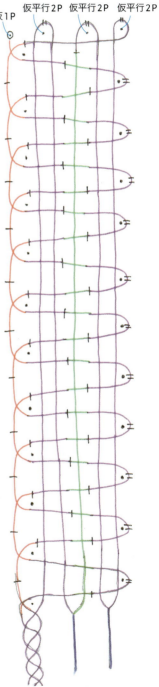

テクニック図

コーナーのあるレース

コーナーのあるレースはリネンや木綿の布と合わせると、
華やかなハンカチになります。
また、外向きと内向きのレースを組み合わせてリングピローを作ることもできます。→P.81

17

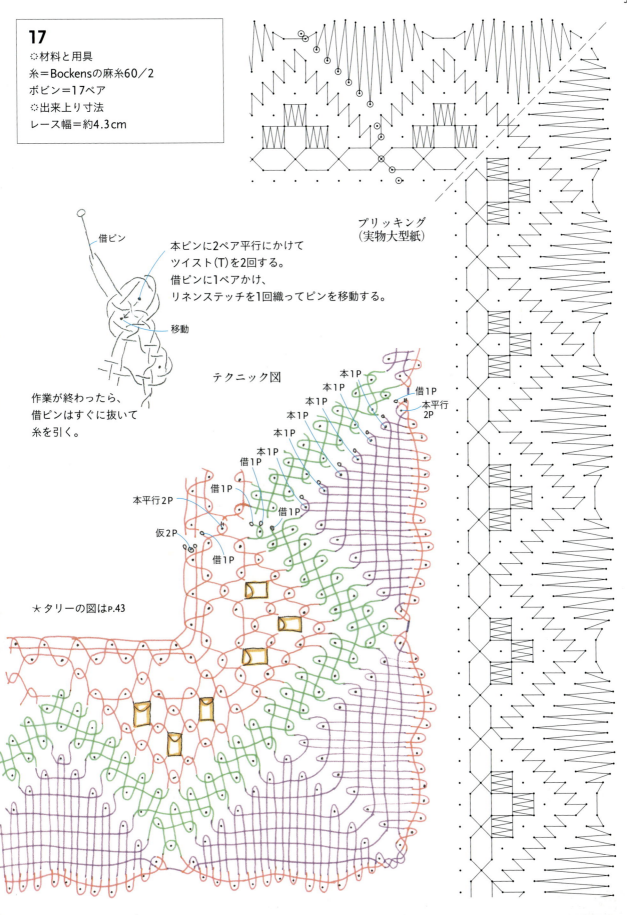

18

◎材料と用具
糸＝Bockensの麻糸60／2
ボビン＝24ペア
◎出来上り寸法
レース幅＝約6.7cm
◎
プリッキングはP.85

テクニック図

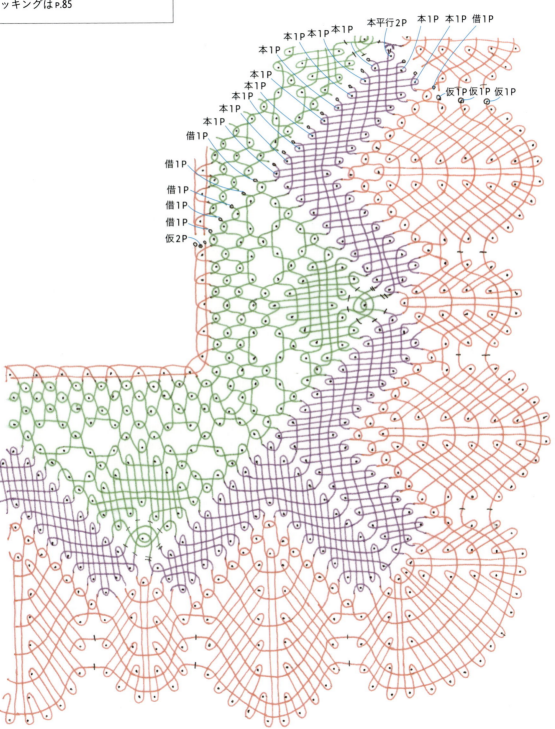

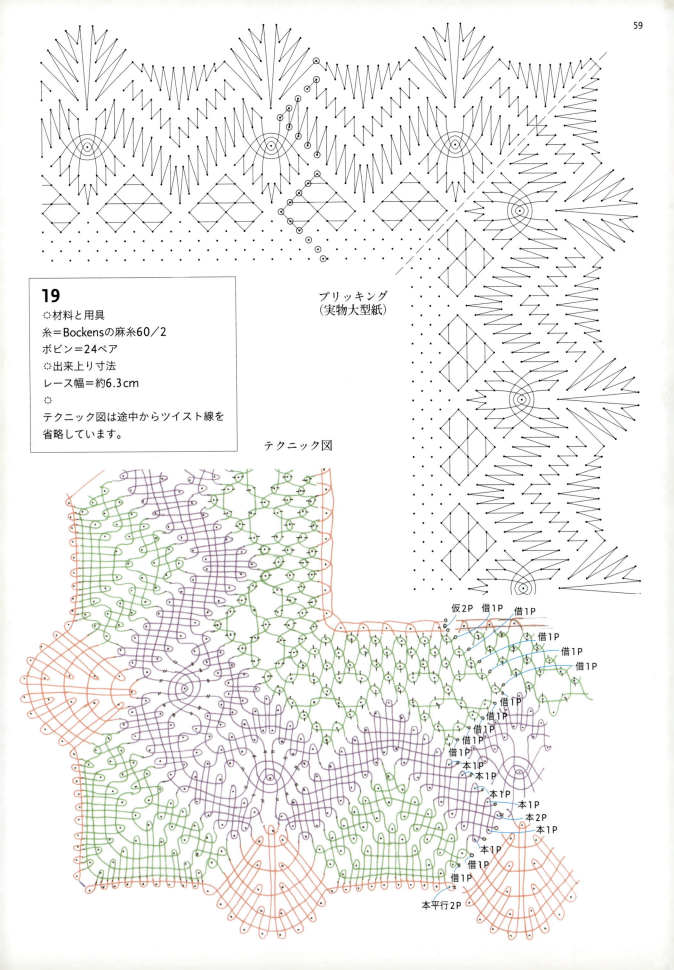

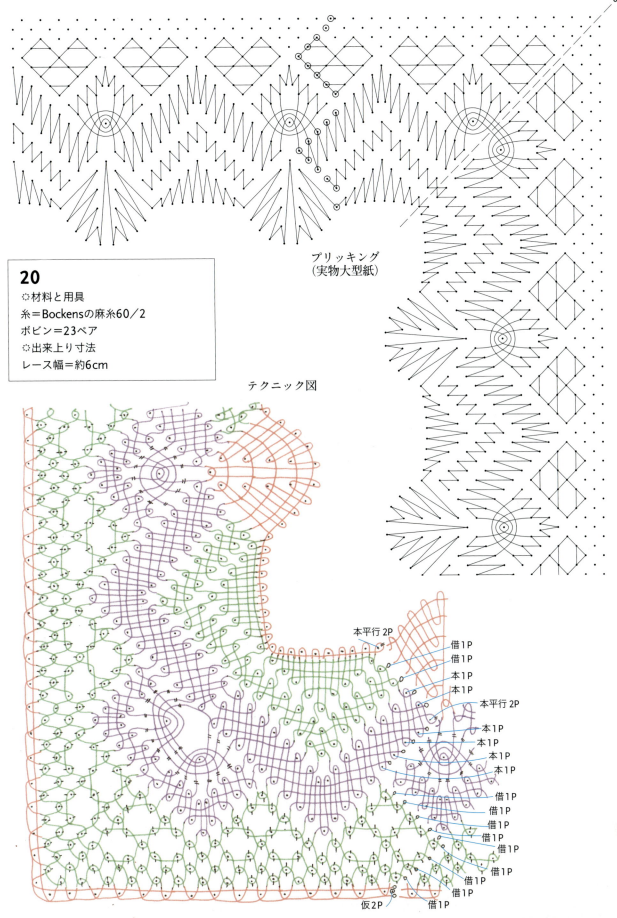

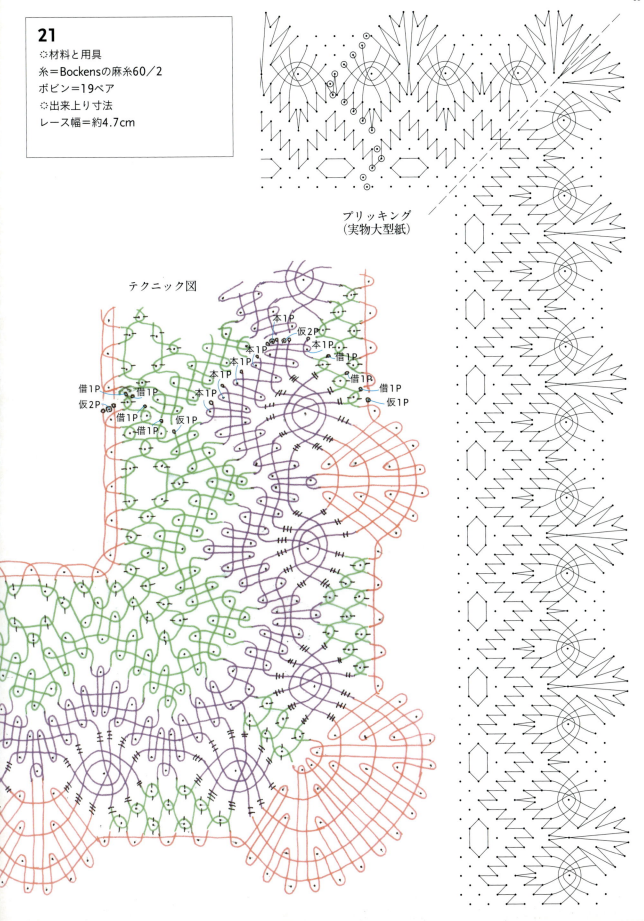

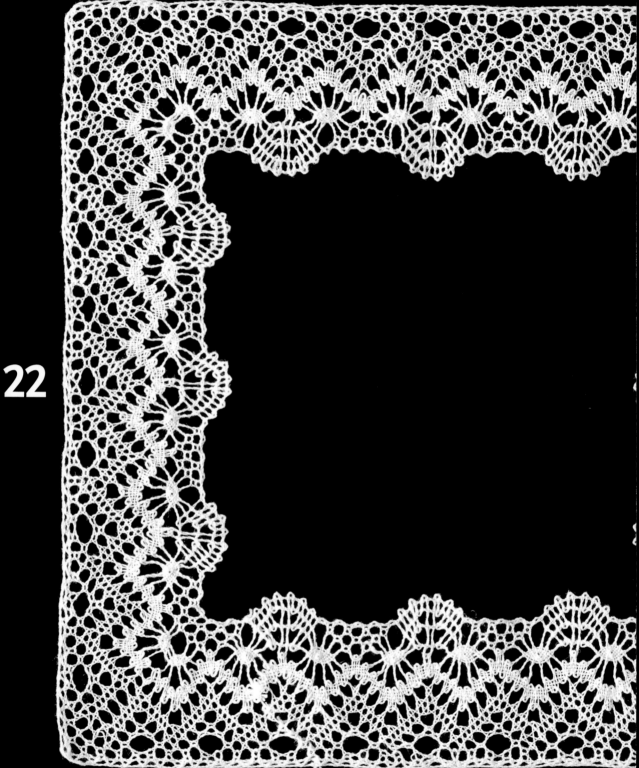

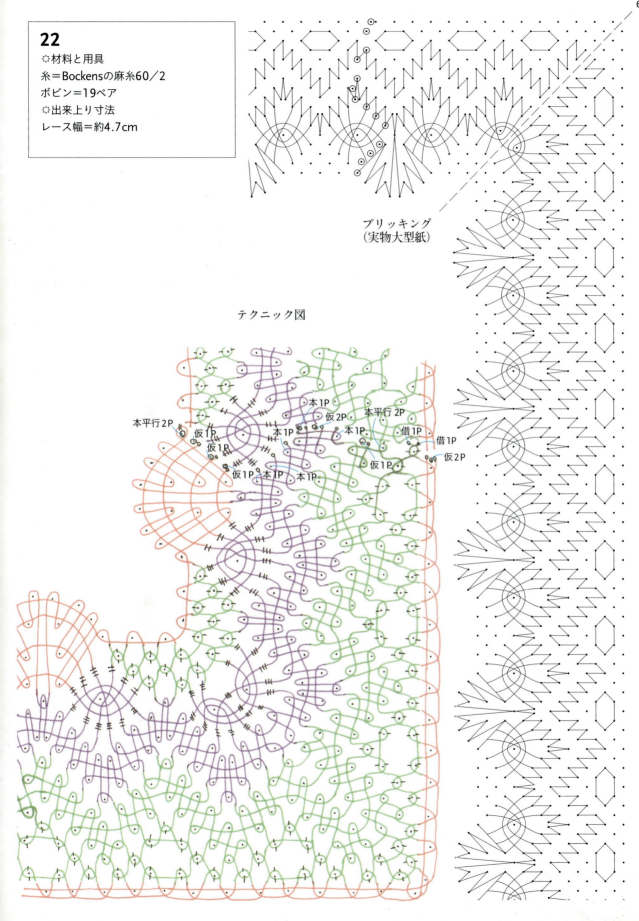

22

◎材料と用具
糸＝Bockensの麻糸60／2
ボビン＝19ペア
◎出来上り寸法
レース幅＝約4.7cm

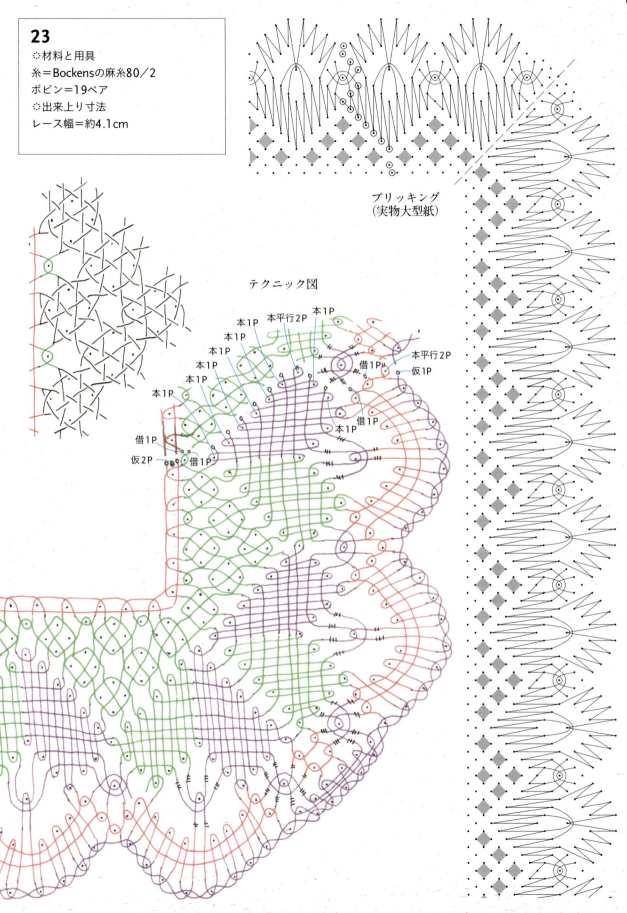

23
◎材料と用具
糸＝Bockensの麻糸80／2
ボビン＝19ペア
◎出来上り寸法
レース幅＝約4.1cm

プリッキング（実物大型紙）

テクニック図

24

24

◦材料と用具
糸＝Bockensの麻糸80／2
ボビン＝26ペア±2ペア
◦出来上り寸法
レース幅＝約4.8cm
◦
プリッキングはP.86

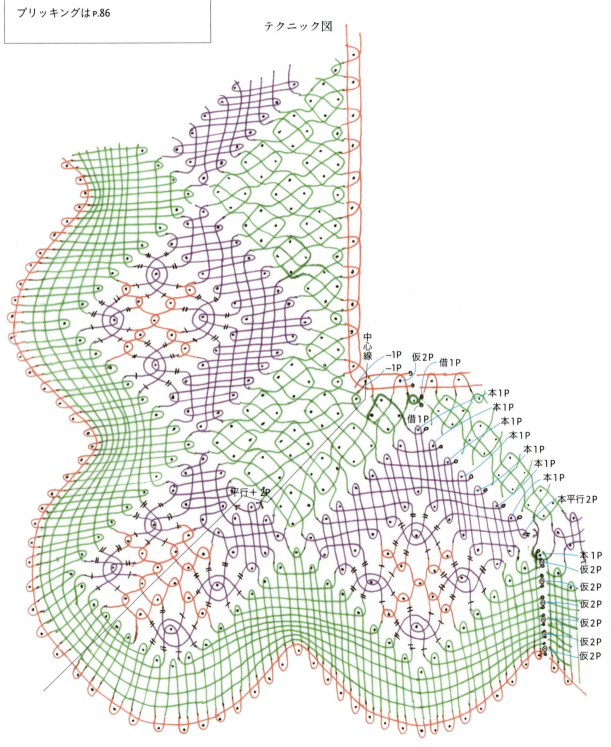

テクニック図

25

25

◇材料と用具
糸＝Bockensの麻糸60／2
ボビン＝21ペア±2ペア
◇出来上り寸法
レース幅＝約4.3cm
◇
プリッキングはP.86

テクニック図

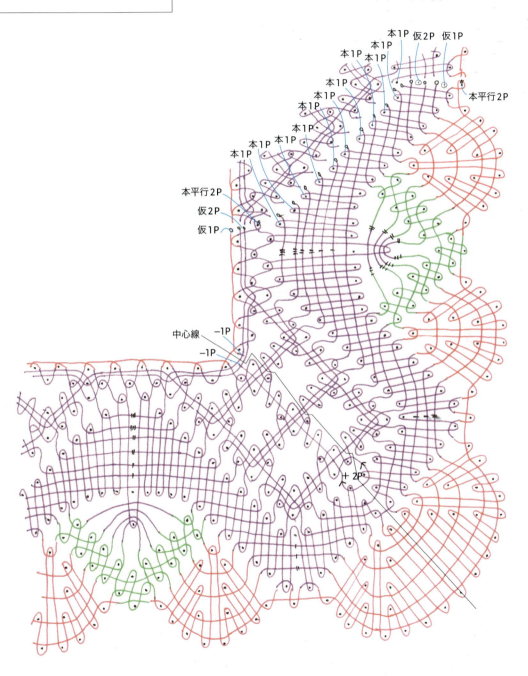

幅広のレース

幅広のレースは行程も多く難易度の高いものですが、麻糸だけではなく、
絹糸などに替えて長く編めばストールとして使えます。
またテーブルランナーなどのインテリアとしても利用できます。→ P.81

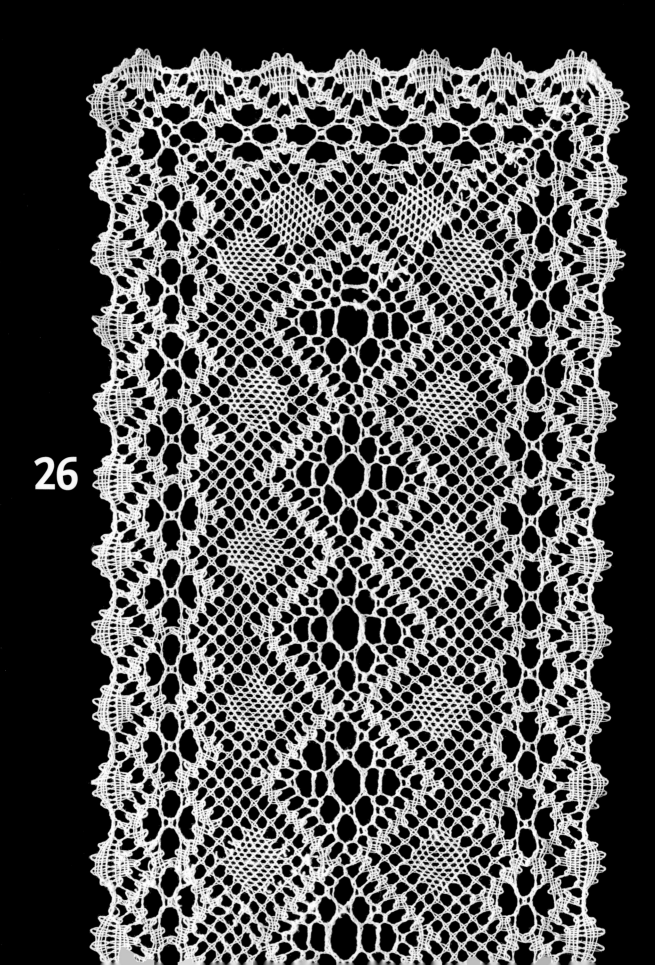

26

◎材料と用具
糸＝Bockensの麻糸60/2
ボビン＝30ペア
◎出来上り寸法
レース幅＝約18cm
◎
糸は絹糸やポリエステル糸など好きな糸を使用してください。糸のつなぎ、始末が不充分だとほどけることがあるので、注意してください。プリッキングも好みで縮小、拡大してください。
プリッキングはP.87

かぎ針のつなぎ方　　かぎ針の使う方向

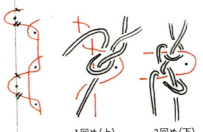

1回め（上）　　2回め（下）

プリッキングの中心線上の2重丸のところで、かぎ針でつなぎます。往路はツイスト（T）のみ4回、復路で図のようにピンを打ったまま、上下にかぎ針をします。

テクニック図

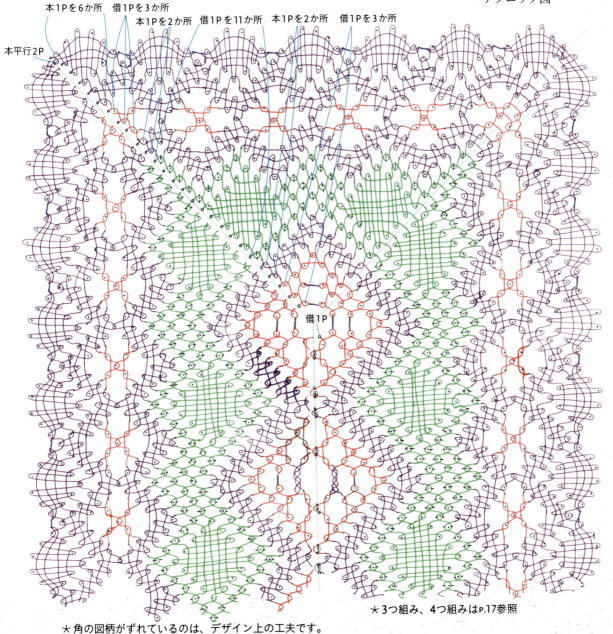

★3つ組み、4つ組みはP.17参照

★角の図柄がずれているのは、デザイン上の工夫です。

27

27

○材料と用具
糸＝Bockensの麻糸60/2
ボビン＝26ペア
○出来上り寸法
レース幅＝約17.8cm
○
プリッキングはP.88

テクニック図

借1P 借1P
借1P 借1P
借1Pを8か所 借1P
本1Pを2か所
本平行2P

本1Pを
8か所

本平行2P

ピンをしたまま2回かぎ針でつなぐ

テクニック図中心のところは、かぎ針でつなぎます。（P.75参照）。ハーフステッチは1回かぎ針、リネンとダブルステッチは上下2回かぎ針を使います。4つ組みの回数はプリッキング図に合わせてください。→は仕事の方向です。

28

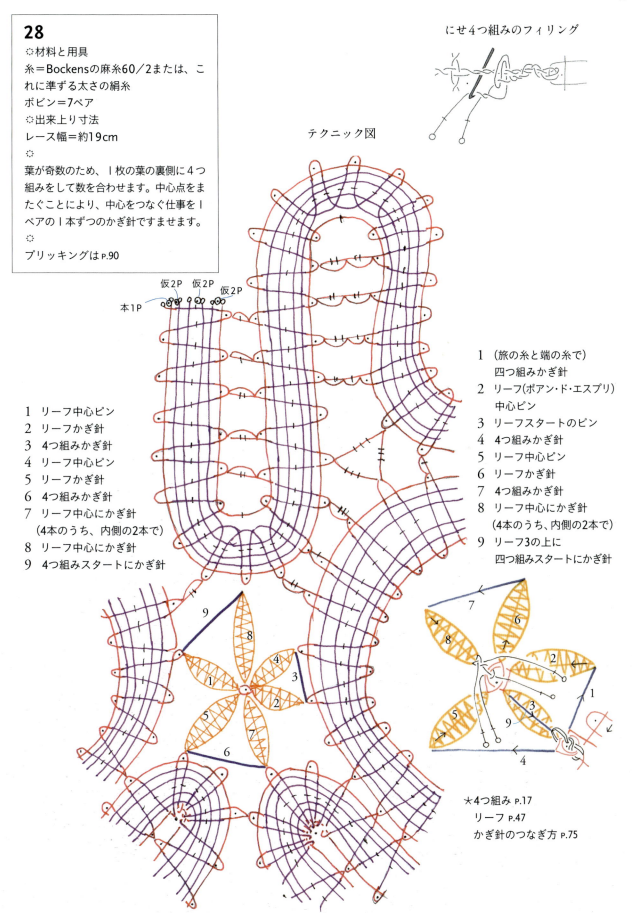

ベルギーやフランスなどで、
何百本もボビンを使うレースの場合は
大量生産のものを使用します。
イギリスやスペイン、東欧などでは恋人や夫がボビンを作り、贈る習慣があります。
ボビンに相手や贈り主の名前、記念日の日付を入れたりします。
またイギリスでは動物の骨や象牙を、
ロシアでは白樺の枝をそのまま使い、
糸を巻く部分だけ削ったものもありました。
そうやって、装飾品のように大切に使用されていました。

応用作品の作り方

→ P.22・23 リボン状のレース

◯材料
◯黒とベージュのレース
糸＝Bockensの麻糸60／2

◯右端のレース
糸＝Bockensの麻糸60／2、25番刺繍糸のピンク（6本どり）

リボン状のレースの角の作り方

レースにあらかじめコーナーを作るのが面倒な場合には
リボン状のレースをハンカチに合わせて角を作ってつけることもできます。

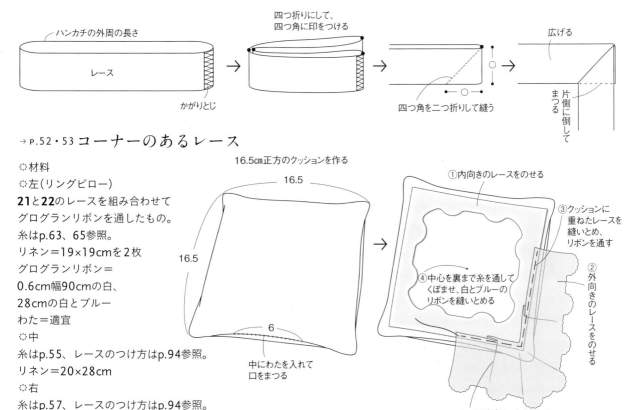

→ P.52・53 コーナーのあるレース

◯材料
◯左（リングピロー）
21と**22**のレースを組み合わせて
グログランリボンを通したもの。
糸はp.63、65参照。
リネン＝19×19cmを2枚
グログランリボン＝
0.6cm幅90cmの白、
28cmの白とブルー
わた＝適宜
◯中
糸はp.55、レースのつけ方はp.94参照。
リネン＝20×28cm
◯右
糸はp.57、レースのつけ方はp.94参照。
リネン＝20×20cm

→ P.72・73 幅広のレース

◯材料はp.75、77、79
レースの長さ
上＝約111cm
中＝114cm
下＝122cm

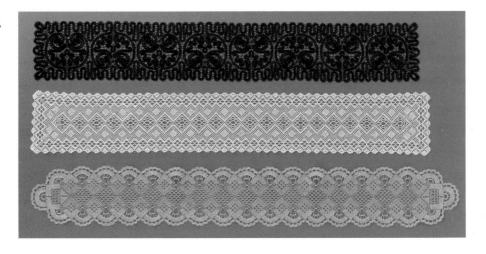

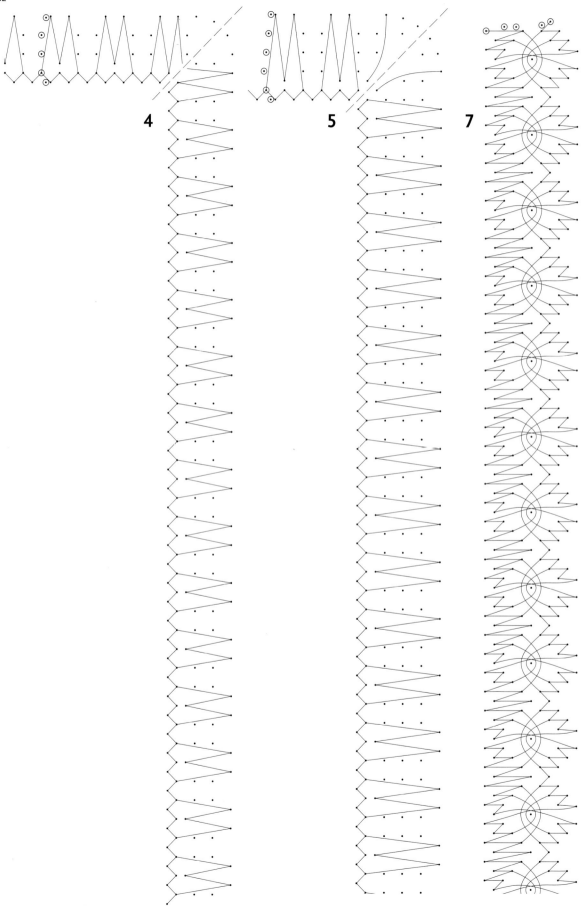

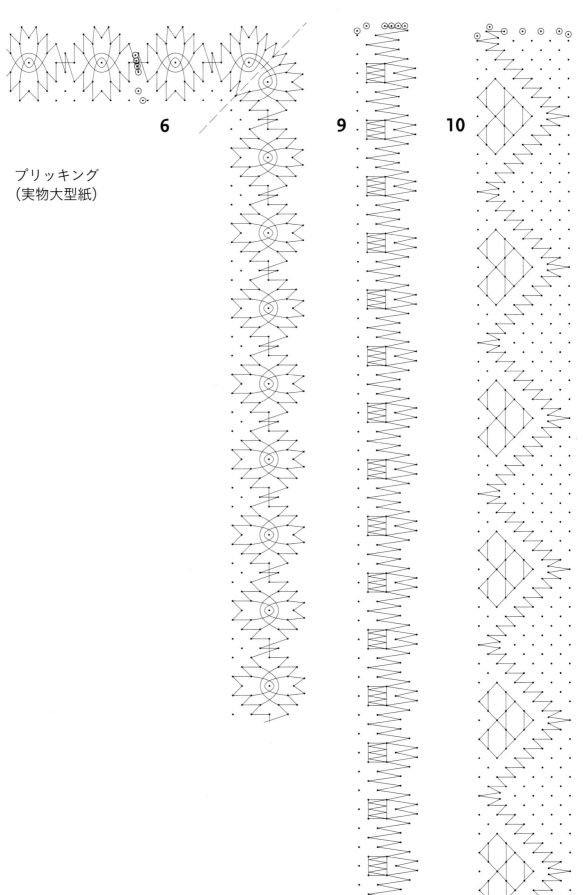

6

プリッキング
(実物大型紙)

9

10

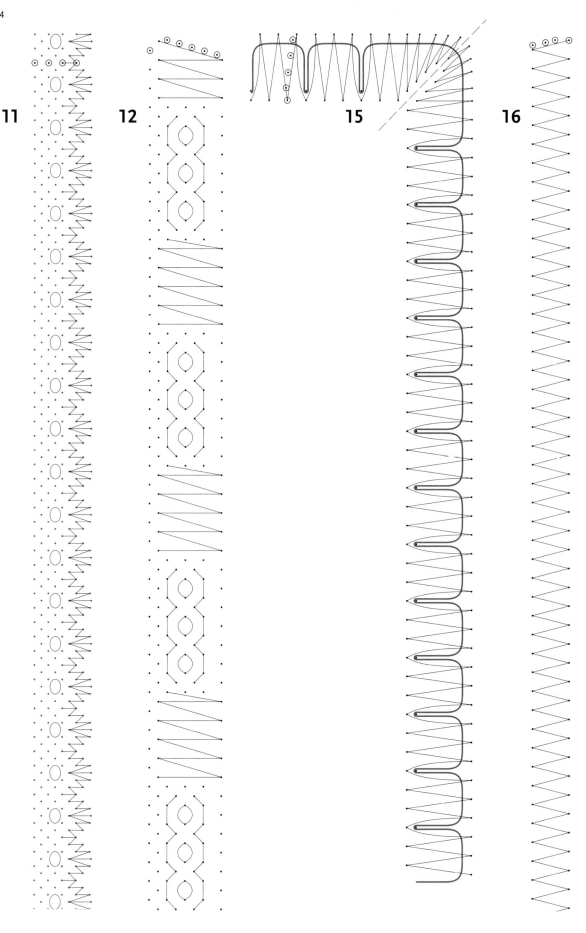

プリッキング
(実物大型紙)

24

25

プリッキング
（実物大型紙）

プリッキング
（図案は125％に拡大して使用）

26

27-1

プリッキング
（図案は125％に拡大して使用）

＊同じマークを重ね合わせる

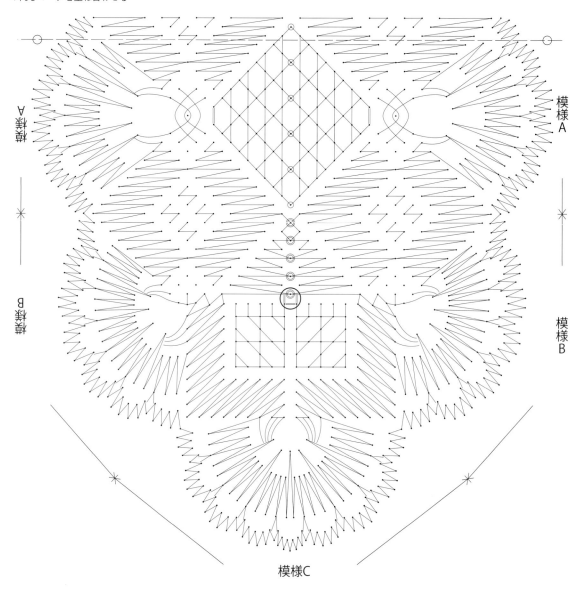

模様A

模様B

模様C

（図案は125％に拡大して使用）

27-2

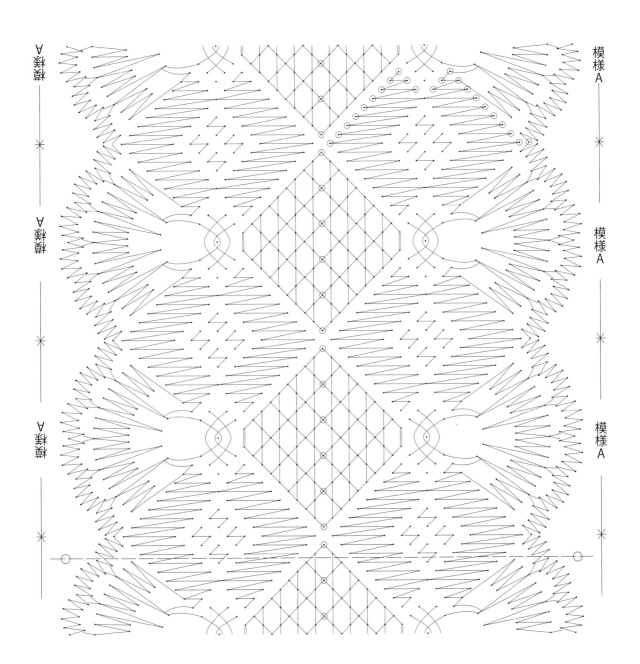

＊同じマークを重ね合わせる

プリッキング
（図案は125％に拡大して使用）

28-1

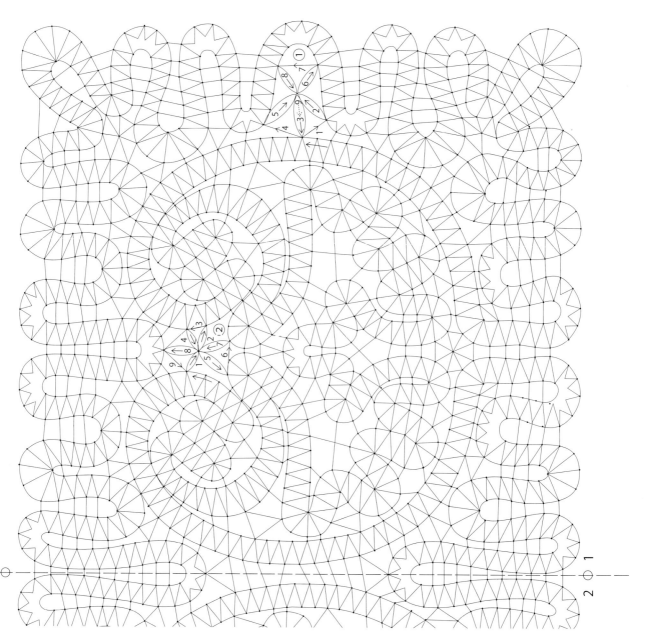

＊同じマークを重ね合わせる

(図案は125％に拡大して使用)

28-2

＊同じマークを重ね合わせる

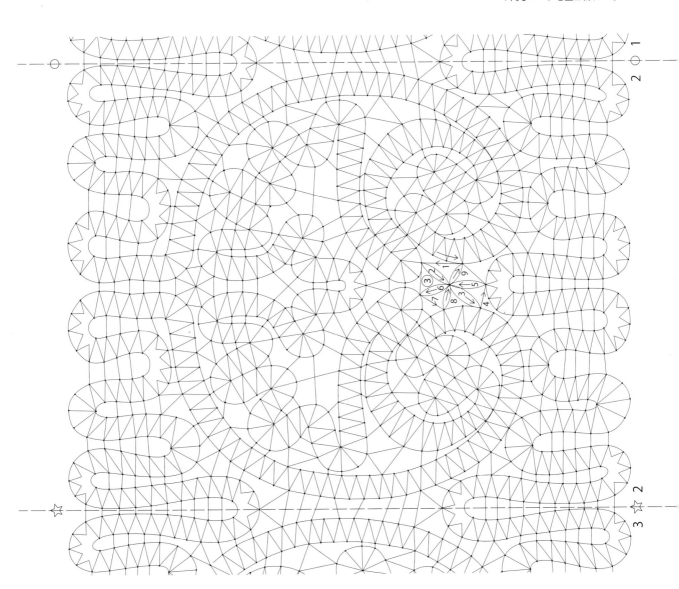

（図案は125％に拡大して使用）

28-3

＊同じマークを重ね合わせる

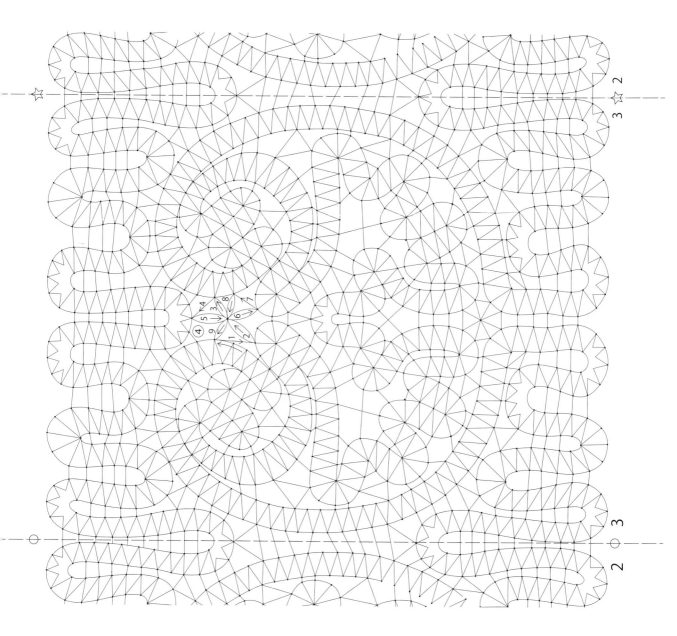

糸のつなぎ方

使い残りの糸をつなぐ場合には、このはた結び（織結び）をするとほどけにくいです。

1
bの糸を上にのせ交差させる。

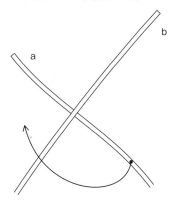

2
左の指で交差したところを押さえ、aの糸を輪にしてbとの間に通す。

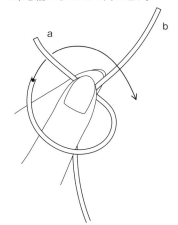

3
指で押さえたまま、bをaの輪の中に通す。

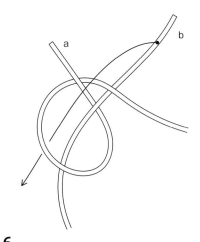

4
くぐらせたところ。

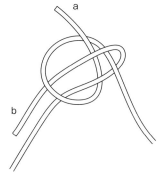

5
bの2本を押さえ、aを引いて締める。

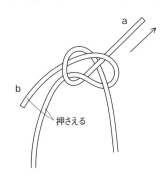

押さえる

6
はた結びの出来上り。

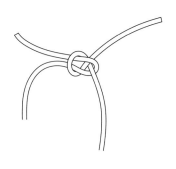

レースを織っている途中で糸が切れたときには、こちらの結び方をします。

1
つなぐ新しい糸を図のようにくぐらせる。

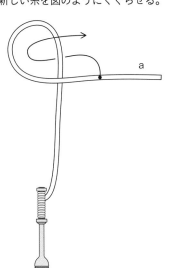

2
もう一度aを輪の中にくぐらせ、つなぐ糸(b)を輪に通す。つなぐ糸と新しい糸を一緒に持ち、aを上に強く引いて締める。

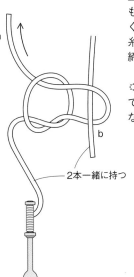

2本一緒に持つ

☼糸が短すぎる場合には逆ピンセットで押さえておき、作業をすると楽につなぐことができます。

布のつけ方

布は主にリネンを使います。布はレースの内側寸法より、周囲3cmくらい大きいものを用意します。
布は水通しをし、アイロンをかけて布目を通してから使用しましょう。

ヘムかがりでつける方法

正方形や四角形に織ったレースにつける方法で、かがった後、布の縁は二つ折りにして始末します。

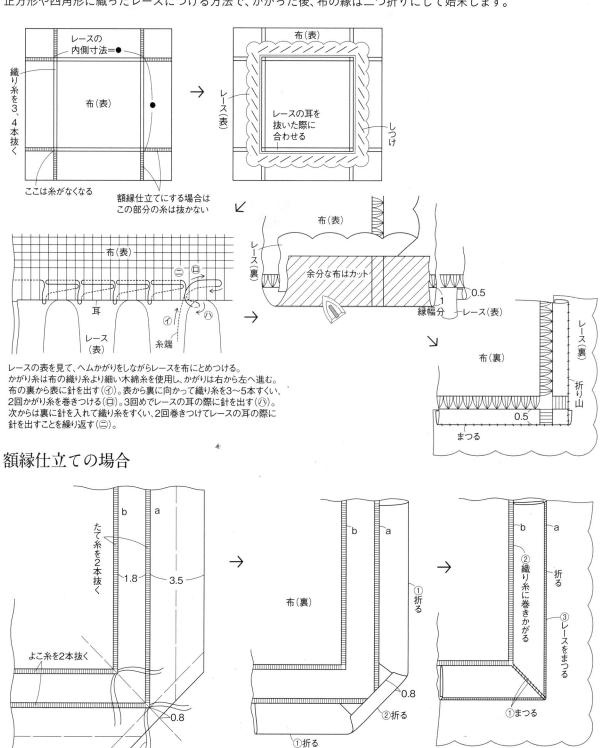

レースの表を見て、ヘムかがりをしながらレースを布にとめつける。
かがり糸は布の織り糸より細い木綿糸を使用し、かがりは右から左へ進む。
布の裏から表に針を出す（イ）。表から裏に向かって織り糸を3～5本すくい、
2回かがり糸を巻きつける（ロ）。3回めでレースの耳の際に針を出す（ハ）。
次からは裏に針を入れて織り糸をすくい、2回巻きつけてレースの耳の際に
針を出すことを繰り返す（ニ）。

額縁仕立ての場合

クッサン（織り台）の作り方

◎材料
スタイロフォーム＝45×45×3cm、45×11×3cmを各1枚
合板＝45×45×1〜1.5cm、45×11×1〜1.5cmを各1枚
カバー用の布地＝51×100cm、51×32cmを各1枚

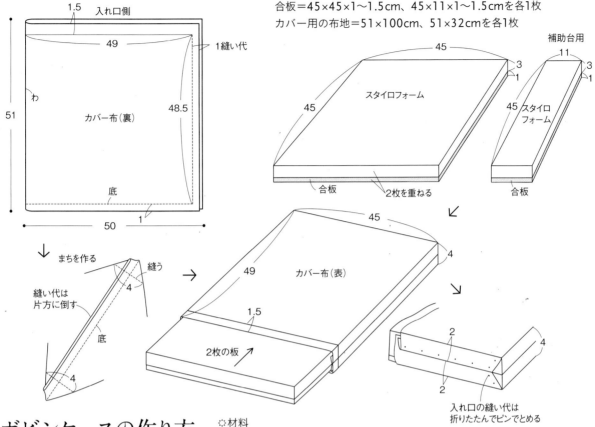

ボビンケースの作り方

◎材料
プリント地＝55×25cm
無地＝67×48cm
バイアステープ＝3.5cm幅180cm

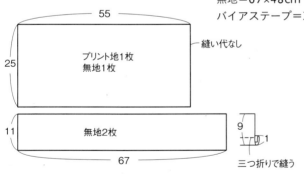

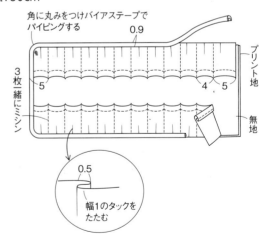

ボビンどめの作り方

木製
◎材料
板＝2×16cm、2×11cmを各1枚
丸ゴム＝各30cm

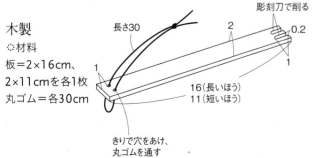

かぎ針編み

◎材料
中細毛糸適宜
5/0号かぎ針

鎖3目で立ち上がり、「鎖2目、長編み1目」を繰り返す

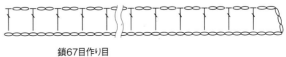

鎖67目作り目

志村　冨美子
Fumiko Shimura

1973年から88年まで、山上るい布花教室の助手を務める。
1980年よりボビンレースを習い、
1985年よりベルギーの夏期講習に毎年通いながら、ヨーロッパ各地を遊学する。
1990年、自宅にボビンレース教室を開設。
現在、朝日カルチャーセンター湘南、横浜ヴォーグ学園講師を務めるほか、八王子、横浜で教室を開催している。
❂
ボビンレースを習いたいかた、作品についてのご質問などは著者までお問い合わせください。
tel.045-352-7184

ブックデザイン　L'espace　若山嘉代子
カメラマン　石井宏明（表紙、p.1〜4、22、23、52、53、72、73、80）　安田如水（文化出版局）
トレース　増井美紀、大楽里美（day studio）
協力　杉谷千津子、山田陽代
校閲　向井雅子
編集　平井典枝（文化出版局）

基本から応用までの
ボビンレース

2015年12月20日　第1刷発行

著者　志村冨美子
発行者　大沼 淳
発行所　学校法人文化学園　文化出版局
　　　　〒151-8524　東京都渋谷区代々木3-22-1
　　　　tel 03-3299-2581（編集）　03-3299-2540（営業）
印刷・製本所　株式会社文化カラー印刷

©Fumiko Shimura 2015 Printed in Japan
本書の写真、カット及び内容の無断転載を禁じます。

・本書のコピー、スキャン、デジタル化等の無断複製は著作権法上での例外を除き、禁じられています。
本書を代行業者等の第三者に依頼してスキャンやデジタル化することは、たとえ個人や家庭内での利用でも著作権法違反になります。
・本書で紹介した作品の全部または一部を商品化、複製頒布、及びコンクールなどの応募作品として出品することは禁じられています。
・撮影状況や印刷により、作品の色は実物と多少異なる場合があります。ご了承ください。

文化出版局のホームページ　http://books.bunka.ac.jp/